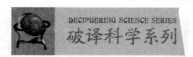

DECIPHERING SCIENCE SERIES
破译科学系列

王志艳◎编著

揭秘世界文化
未解谜团

科学是永无止境的
它是个永恒之谜
科学的真理源自不懈的探索与追求
只有努力找出真相，才能还原科学本身

延边大学出版社

图书在版编目（CIP）数据

揭秘世界文化未解谜团 / 王志艳编著．—延吉：延边
大学出版社，2012.6（2021.6 重印）
（破译科学系列）
ISBN 978-7-5634-4877-7

Ⅰ．①揭… Ⅱ．①王… Ⅲ．①世界史－文化史－青年读物
Ⅳ．① K103-49

中国版本图书馆 CIP 数据核字（2012）第 115158 号

揭秘世界文化未解谜团

编　　著：王志艳
责任编辑：李东哲
封面设计：映像视觉
出版发行：延边大学出版社
社　　址：吉林省延吉市公园路 977 号 邮编：133002
电　　话：0433-2732435 传真：0433-2732434
网　　址：http://www.ydcbs.com
印　　刷：永清县晔盛亚胶印有限公司
开　　本：16K 165×230 毫米
印　　张：12 印张
字　　数：200 千字
版　　次：2012 年 6 月第 1 版
印　　次：2021 年 6 月第 3 次印刷
书　　号：ISBN 978-7-5634-4877-7
定　　价：38.00 元

　　文化是人类文明的产物，是人类精神财富的聚合。文化历史悠远，它无处不在，它令人陶醉。文化孕育了世界，并影响着人类的未来。然而，在人类文化漫长而辉煌的进程中，也存在着众多悬而未决的未解之谜。它们所散发出的神秘魅力，始终吸引着人们好奇的目光。

　　本书以一种全新的视角来解读与研究世界文化。我们精心收集了众多千奇百怪、扑朔迷离的世界文化未解之谜，并在参考了大量文献资料、考古发现的基础上，结合最新研究成果，对多个世界文化未解之谜进行全面剖析，深入挖掘掩藏于神秘表象背后的真实。

　　本书通过简明的体例、精练的文字、新颖的版式、精美的图片等多种视觉要素的有机结合，将人们感兴趣的疑点与谜题全方位、立体地展现出来，引领读者进入精彩玄妙的未知世界，使大家在享受阅读快感、学习知识的同时，拓展更为广阔的文化视野、想象空间，获得审美享受。书中令人耳目一新和不可思议的未解之谜，给予了人类新的思索。

　　让我们一同走进《世界文化未解之谜》，寻找悠久的文化渊源、揭开尘封的苍茫历史、探索掩埋的事件真相、追寻隐藏的难解奥秘、破解神秘的图形符号、叩问失落的远古文明、领略瑰丽的文化奇观、感受奇妙的地域风俗……

　　本书在编写过程中，参考了大量相关著述，在此谨致诚挚谢意。对书中存在的纰漏和不足之处，恳请各界人士予以批评指正，以利再版时修正。

目录
CONTENTS

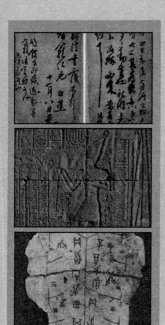

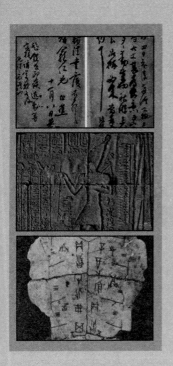

人类文字起源之谜

文字是现代社会不可缺少的交流工具，但文字的起源并不是一个能轻易下结论的问题。

古代文字产生的时候，人类已经进入历史上第一个阶级社会——奴隶社会。可以说，人类用文字记载的历史是从奴隶社会开始的。世界上著名的文明古国都是奴隶主统治的国家。它们建立在古代东方，也就是今天的亚洲和非洲东北部的土地上。

这些国家中，除了中国，还有位于非洲东北尼罗河流域的埃及，西亚两河流域的巴比伦，南亚印度河流域的印度。另外，还有波斯、亚述、犹太等国。

除了中国的汉字，在世界其他国家发现的古代文字主要有3种：图画式的象形文字，埃及人在公元前3500年左右就开始使用。苏美尔人和巴比伦人使用的楔形文字，大约也是在公元前3500年产生的。这种文字的笔画上粗下细，像木头楔子，所以叫做楔形文字。再就是公元前1000多年腓尼基人发明的字母文字。

被古文字学家确认为最古老的图画文字公元前3500年左右，出现在人类文明发祥地之一的美索不达米亚地区。在一块几英寸见方的大理石碑上，两面12个左右的图画清晰地表明这里记载着一件重大事件。在图画文字之后，出现了具体与抽象相结合的画谜文字，绝大多数考古学家认为这种文字形式出现在公元前1800年的两河流域地区。

音节文字很可能是字母文字在亚欧大陆前的一个阶段，处在这一阶段的文字有：公元前3100年的苏美尔文字，公元前3000年左右的埃及文字，公元前2200年的原始印度文字，公元前2000年的克里特线形文字，公元前1500年

的赫梯文字，公元前1300年前后的甲骨文字。字母文字是文字发展的最后一个阶段，标志着文字规范化的到来。

但文字的起源时间、地区、列式等总有许多难于确定的争论，很难理出一个整齐化的发展阶段。

有些学者认为，巴勒斯坦和叙利亚等地使用闪米特语的人采用了埃及的词汇符号，并且使用了词汇的第一个发音，而发展了包括某些确定的元音在内的字母文字。但美国学者格尔帕却认为，第一个能被公正地称之为字母文字的是希腊语。希腊语充分地接受了闪米特语的音阶表，发展了元音制度，在公元前9世纪，第一次创造了完备的字母文字体制。而另一些研究者却认为早在公元前1800年，这一伟大创造就已完成了。实际情况到底如何，还得需要继续研究。

汉字起源之谜

中国的汉字是世界上最古老的文字之一，已经有6000年左右的历史了。从仓颉造字的古老传说到100多年前甲骨文的发现，历代中国学者一直致力于揭开汉字起源之谜。

汉字是独立起源的一种文字体系，不依附于任何一种外族文字而存在，但它的起源不是单一的，而是经过了多元的、长期的磨合。大概在进入夏纪年之际，先民们在广泛吸收、运用早期符号的经验基础上，创造性地发明了用来记录语言的文字符号系统。在那个时代，汉字体系较快地成熟起来。

据悉，从考古发掘的出土文字资料来看，中国至少在虞夏时期已经有了正式的文字。如近年考古工作者曾经在襄汾陶寺遗址所出土的一件扁陶壶上，发现有毛笔书写的"文"字。这些符号都属于早期文字系统中的基本构形，可惜这样的出土文字信息迄今仍然稀少。

就目前所知和所见到的殷商文字资料来说，文字载体的门类已经很多。当时的文字除了用毛笔书写在简册上之外，其他的主要手段就是刻写在龟甲兽骨、陶器、玉石上以及铸在青铜器上。商代文字资料以甲骨和青铜礼器为主要载体，是迄今为止中国发现的最早的成熟文字。

△ 汉字起源

关于汉字的起源，中国古代文献上有各种说法，如"结绳"、

"八卦"、"图画"、"书契"等，古书上还普遍记载有黄帝史官仓颉造字的传说。现代学者认为，成系统的文字工具不可能完全由一个人创造出来，仓颉如果确有其人，应该是文字整理者或颁布者。

我国老一辈的历史学家和古文字学家郭沫若、于省吾等曾认为我国文字的产生可以一直追溯到距今6000年前的半坡仰韶文化。一种比较折中的意见，则认为我国文字萌芽于6000年前的原始社会晚期，"形成比较完整的文字体系"则在距今4000年前的夏朝中、后期。

近年来，随着考古工作的迅速发展，已经为探讨中国文字的起源提供了大量新的线索。1963年出版的《西安半坡》发掘报告，便初步指出仰韶文化陶器上的刻画符号可能与文字起源有关。1972年，郭沫若在《古代文字之辩证的发展》一文中，认为仰韶"彩陶上的那些刻画记号，可以肯定就是中国文字的起源"，可为这种学说的代表。1977年，唐兰作《从大汶口文化的陶器文字看我国最早文化的年代》一文，又提出大汶口文化陶器上的刻画或绘写的符号是文字。仰韶文化半坡类型的绝对年代约为公元前4000年左右，出现陶器符号的大汶口文化晚期不晚于公元前2500年。

1984年到1987年，在河南舞阳县的贾湖遗址中几座墓葬中，出土了3片刻有符号的龟甲和1件有符号的石器，符号的形状和商代甲骨文很相似。遗址年代要早于公元前5500年。

最近几十年，中国考古界先后发布了一系列较殷墟甲骨文更早、与汉字起源有关的出土资料。这些资料主要是指原始社会晚期出现在陶器上面的刻画或彩绘符号，另外还包括少量的刻写在甲骨、玉器、石器等上面的符号。可以说，它们共同为解释汉字的起源提供了新的依据。

甲骨文的发现之谜

大约一个世纪以前，我国河南安阳有一项重大的考古发现，这就是殷墟和甲骨文的发现。从此，我国殷商史的研究进入到一个新时期。按我国古文字学家的说法，甲骨文是我国"目前所能看到的最早而又比较完备的文字"。

什么叫甲骨文？所谓甲，就是龟甲；骨，主要指兽骨。殷朝人迷信神鬼，不论祭祀、战争、渔猎、出入、风雨、年成、疾病、生育，都要卜问"上天"。占卜的方法是：在甲骨的背面用锋利的工具钻两个坑，然后用火烧灼，出现纵横的裂纹，就叫卜兆。占卜以后，往往在甲骨上面写刻或占卜有关的记事文字，这便叫做"甲骨文字"，

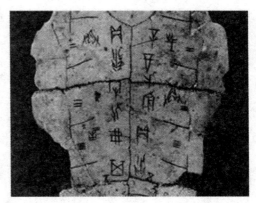

△ 甲骨文

简称为"甲骨文"。这种文字还有其他许多种叫法，如"龟甲文"、"龟板文"、"契文"、"甲骨刻文"、"甲骨刻辞"、"贞卜文"、"殷墟书契"等。但自从陆懋德于1923年发表《甲骨文之历史及其价值》之后，便约定俗成，多数学者统称"甲骨文"了。这种文字真实记录了中华民族的早期历史进程，它和古代埃及的纸草文书、巴比伦的泥版文字以及印第安人的玛雅文字一样是整个人类的文化瑰宝。如今，甲骨文学已成为一门独立的学科。

说到甲骨文的发现，有人或许会不假思索地想起这样一个流传很广的故

事：清朝末年，确切地说是1899年，北京有个叫王懿荣的官员患病，遂请太医诊治。太医给他开了一张处方，其中一味药是"龙骨"。王懿荣马上打发家人到宣武门外菜市口达仁堂购药。药拿回家后，王懿荣逐一审视，当他无意间发现"龙骨"上刻有一种和篆文相似的文字时禁不住大吃一惊。因为，王懿荣是一个造诣颇深的金石学家，他意识到这种文字肯定有学术价值。于是刨根问底，查明来历，又专门派人到那家药铺中将带有文字的"龙骨"以每字2两银子的高价全数买下来。至此，举世闻名的甲骨文就在这一纯属偶然的机会中重见天日了。王懿荣真是第一个发现甲骨文的人吗？有的学者根据那个有趣的故事认定王懿荣就是甲骨文的最早发现者。王守信在1981年出版的《新中国成立以来甲骨文研究》一书明确表示："王懿荣不仅第一个发现了甲骨文，而且还首先将其年代断为商代。"吴浩坤和潘悠在所著《中国甲骨文史》中也持此种说法。他们认为，说王懿荣吃中药偶然发现了甲骨文虽是传闻，但"王懿荣首先认识甲骨文，这一点该是无可怀疑的。至于他怎样认出甲骨文的，那是次要的问题"。

王汉章于1933年在《古董录》中指出，王懿荣"细为考订，始知为商代卜骨，至其文字，则确在篆籀之前"。

对于王懿荣患病吃中药偶然发现甲骨文的说法，有的学者提出了种种疑问：疑问之一是北京菜市口在清朝光绪年间不曾有过达仁堂中药铺；疑问之二是中药铺的"龙骨"向来捣碎才出售，何来整块"龙骨"；疑问之三是当年带字的"龙骨"药铺压根儿不收购，只有将字迹刮去的龙骨才收购。因此，所谓王懿荣吃中药偶然发现甲骨文的说法不能成立，仅仅是传闻而已。

有的说第一个发现甲骨文的人是刘锷。因为他在1903年著录的《铁云藏龟》一书的自序中明确断定所录载龟背上的字是"段人刀笔文字"。

有的说是王懿荣和刘锷共同认定甲骨文系商代遗物。汐翁就持此说。他指出，王懿荣于1899年发现甲骨文时刘锷正在北京，经他俩仔细鉴定和研究认定刻字"龙骨"为商代文字。

有的说是王襄和孟定生，其依据是1898年有位古董商到天津出售古物时，曾向王、孟请教刻字"龙骨"知识，孟定生猜测可能是古代的简策，促其前往收购。翌年，那位古董商带着刻字"龙骨"让王、孟进行鉴定，王、孟遂确定为商代古文字。

还有学者认为是罗振玉。因为罗振玉曾著录过《殷墟书契》、《殷墟书契奢华》、《铁云藏龟之余》、《殷商占卜文字考》、《殷墟书契考释》等有关甲骨文的书，可谓一位杰出的甲骨学专家。是他探悉出"甲骨发现之地乃在安阳县西北5里之小屯"，并进一步查考出安阳是殷代后期首都所在地以及甲骨卜辞为"殷室王朝之遗物"的重要判断。

另一部分学者则明确提出有字的甲骨文最初是由河南安阳（安阳乃是殷代后期的首都所在地）小屯村附近的农民发现的，其时间要早于王懿荣。罗振玉在1912年所撰《洹洛访古游记》中收录其弟当年到小屯村调查的一份记录说："此地埋藏龟骨，前30余年已发现，不自今日始也。谓某年某姓犁田，忽有数骨片随土翻起，视之，上有刻画，且有作殷色者（即涂朱者），不知为何物。北方土中，埋藏物多，每耕耘，或见稍奇之物，随即其处掘之，往往得铜器、古泉、古镜等。得善价……且古骨研末，又愈刀创，故药铺购之，一斤才得数钱。骨之坚者，又购以刻物。乡人农暇，随地发掘、所得甚多，拣大者售之。购者或不取刻文，则以铲削之而售。"这份记录表明，小屯村农民早在1869年以前就发现了甲骨文。大约到了1898年，"龙骨"才引起了古董商人的重视。当时有个叫范维卿的古董商在收购过程中注意到了小屯村农民挖出的"龙骨"，遂将此事告诉了天津的穷秀才孟定生和王襄。孟定生、王襄2人认为这是一种古代的契刻文字，孟定生还进一步猜测可能是古代的简策。到第二年秋，范又将一些刻字"龙骨"带到北京送给王懿荣，王襄初步断定这是一种刻有古代文字的"龟板"，并出高价购买收藏。

前后对甲骨文研究作出贡献的有王襄、刘鹗、罗振玉、王国维等人。刘鹗先后搜得甲骨文有5000余片，编为《铁云藏龟》一书问世。罗振玉获得甲骨更多，总数在3万以上，先后编成《殷墟书契》前后编等书。罗振玉与王国维对于殷墟地点的考订，为后人研究甲骨文和殷商史指出了可靠的和基本的方向。他们确定了甲骨文的出土地点为河南安阳西北5里之小屯，也即《史记·项羽本纪》所说的"殷墟"是商代后期国都遗址。

1976年，在陕西岐山县古周原凤雏村出土的微型刻字西周甲骨文，现存于陕西省岐山县文物管理所，它们大都是3000年前西周灭商前的周文王晚年到周康王初年的作品。其中很多内容是以前发现的古文字中所没有的，极为珍贵。这批甲骨文共有293片，甲骨上锲刻的文字小如芥籽，笔画细若秋毫，需借助5倍以上放大镜方可辨认。书法分直笔和圆笔，其直笔锲刻有力、折直劲迅，圆笔锲刻婉逸、笔法娴熟自如。其中有一片卜甲的面积仅2.7平方厘米，如小纽扣一般大小，上刻细如发丝的甲骨文字共30个，刻字部分仅占卜甲面积的1.17平方厘米。个别字体径方不足毫米，足见其微小。

这些微型刻辞的作者是什么人？又是用什么样的工具锲刻的？在古代还没有放大及显微技术的情况下，我们的祖先是怎样来辨认这些字迹的呢？所有这些，至今还都是个谜。

自1899年发现殷墟甲骨至今，约有15万片以上商代甲骨已出土，现分藏在中国内地和台、港、澳地区，另有一部分流散到其他国家。殷墟甲骨文内容涉及商代的政治、经济、文化及天文等领域。可以说甲骨文的发现和破译帮助我们解开了历史上许多难解之谜，而发现的甲骨文共有4500多个单字，还有2/3的文字等待人们去破解。

王懿荣、刘鹗、罗振玉、王襄和孟定生，究竟谁是甲骨文真正的发现者？这还需要人们的进一步考证。

拉丁字母是如何产生的

　　略微熟悉西方语言的人都知道，与中国的方块汉字不同，欧洲国家采用的是字母文字。而字母文字的基础则是拉丁字母表，拉丁字母表是罗马文明对世界文明进程的一项伟大贡献。自从字母表发明之后，罗马人得以把拉丁文化迅速通过书籍的形式普及到各个阶层民众，同时大大加速了罗马境内各国之间的交流和融合。更为重要的是，它不仅成为像意大利语、西班牙语、法语和罗马尼亚语等罗曼语族的基础，并且为英语、德语等日耳曼语族所承袭，一些斯拉夫语族的天主教各国，如捷克、波兰、克罗地亚等国家也利用它创造了自己的文字。

　　可是，如此重要的拉丁字母表是如何产生的呢？要回答这个问题，还是先了解一下字母文字的历史吧。我们现在知道，字母文字并不是世界上最早的文字，目前世界上公认的最早的文字有6种，分别是埃及的象形文字、中国的甲骨文字、克里特的线形文字、西亚的楔形文字、印度的哈拉巴文字和墨西哥的玛雅文字，这些文字都不是字母文字。学界普遍认为，字母文字的出现当在这6种文字之后。至于字母文字的首创者，根据古希腊和古罗马文献的记载，有5个民族最有可能，分别是：腓尼基人、亚述人、埃及人、克里特人、希伯来人。而这些民族大多居住在东方，因此学者们普遍认为字母文字的产生一定是受到东方文化的熏陶。

埃及象形文字	𓂧 𓆓 𓅯 𓏏 𓊪
腓尼基字母	Δ ヨ Ŧ キ Ŋ 𐤀 𐤍 𐤀 𐤓 ч 𐤋 𐤉
古希腊字母	ρ5 ΜΒ𐤔Ν ΚΒ𐤀Χ Α Φ
古罗马字母	TVS·CPLDEK·MN
安色尔字体	Sepnimusbicnobisads
卡罗林小写字体	Ecredetcauuarenazavechuonurcchabi
哥多体	ABCDEFGHIJKLMN
迪多尼体	ABCDEFGHIJKL

△ 拉丁字母

人们已经基本上形成了一个共识：腓尼基人最有可能是最早发明字母文字的民族。字母表的出现可以追溯到大约公元前1400年左右，那时候位于叙利亚海岸的乌加里特人发明了一种字母表，用的是30个楔形符号，但是并没有流传开来。到公元前12世纪，腓尼基人参照埃及的象形文字，创造出用22个辅音字母表示的文字，这是最早的线形字母表。现代欧洲各国的字母差不多都来源于腓尼基字母。

　　考古学家在希腊地区的克诺索斯的一个墓穴里发现了公元前900年的腓尼基文字，这说明在古代腓尼基人和居住于爱琴海地区的希腊人有着一定的文化往来。据此学者们推断，大约在公元前9世纪中期，希腊商人在和腓尼基人的交往中学会了线形字母表，并最终发展为有24个字母的希腊字母表。

　　现在关键的问题是，希腊字母表是如何发展成为拉丁字母表的？对于这个问题，历来众说纷纭，现介绍几种典型的观点如下：

　　一种意见认为，希腊字母表在开始时就存在两个分支：东部和西部两

图象字母	腓尼基字母	早期希腊字母	后期希腊字母	拉丁字母
		A	A	A
		B	B	B
				C G
		Δ	Δ	D
				E
		B	B	H
				I
				X
				T

个变体。这是由于当时各城邦之间的分割所造成的，后来变体再生出变体，于是大大小小的分支便有很多。而位于坎帕尼亚的库迈城的希腊字母表也是其中较大的一个分支。据考古学家发现，古时候的拉丁字母表只有20个字母（没有G、J、U、W、Y、Z），这与库迈城字母表是一致的，并且两者在形式上也很相似，于是人们就认为拉丁字母表直接借用了库迈城字母表。

还有一种意见认为，古希腊字母表的确存在许多分支，但是其中最大两个分支是西里尔字母表和艾特鲁斯坎字母表。西里尔字母表后来成为俄语、乌克兰语、保加利亚语等诸民族文字的基础，而艾特鲁斯坎字母表则发展成为拉丁字母表。罗马强大之后，首先从艾特鲁斯坎人那里借用了21个字母，后来又从其他分支里吸收了Y、Z。而当时并没有J、V，直到中世纪时才发明了这两个字母，当时就用I、U来代替书写，这颇同于中国古代的造字法"假借"，后来拉丁字母表又从罗曼语言中吸收了一个W，这样26个字母就齐全了。

另有人认为，每个字母的产生都有一个复杂的过程，因此应该从每个字母的起源上来追寻拉丁字母表的产生，而不应该泛泛而谈。他们认为每个字母的最初起源是神秘的，至于字母表的第一个字母则显得更加神秘，几乎是无法得知的。如果仅从外观上判断，就不难粗粗描绘出字母A的演化过程：最初来源于古埃及人的牛头象形符号，发展为腓尼基人的v，希腊人始将它写成类似A的符号，至拉丁文才最后定形，但是这中间是怎样具体转化的，就没有人可以知道了。

事实上，每个字母在形成过程中浓缩了人类的文明进程，因此探求字母的源头，实际上是在探寻人类文明的源头，也是在谱写人类的心灵史。

印章文字是何种文字

全盛时期的印度河流域文明大约分布在东自阿富汗西至德里、北起克什米尔南抵塔普提河的广阔地域里。它比苏美尔文明和埃及文明加在一起所影响的地域还要广阔得多。因此，印度河文明引起了世界学术界的高度重视。

英国和印度一大批著名学者从1920年起通力合作了10余年，在今印度和巴基斯坦境内的哈拉巴、摩亨佐·达罗、信德和俾路支斯坦等地发掘了60余处古代文化遗址，第一次向全世界披露了印度河流域史前文明的存在。

在印度河文明遗址中，出土了大量生产工具和生活用品，还有大量青铜的斧、矛、刀、剑和颇具特色的女性陶俑及其他陶器。这些出土器物所表现出来的古代印度人民高度的生产水平和精湛的艺术才能，使专家学者们叹为观止。然而，最引人注目的是3000多方独特的石质浮雕印章，其中大部分印章是用柔软的滑石制作的。上面镌刻着栩栩如生的动物图案，间或也有少数人物形象出现在上面。这些动物图案主要刻画的是公牛、水牛、犀牛、象、虎、鳄鱼、山羊和牝鹿，绝大多数印章上都刻有某种文字。

学者们认为，这是一种同时存在图形和符号的象形文字。英国、德国、美国、苏联、捷克斯洛伐克、芬兰和印度等国的古文字学家、碑铭学家和历史学家进行了不懈的努力，企图释读这种还不为人们所知道的印章文字。

大家注意到，这种印章文字同任何已知的文字毫不相干，它渊源于西方的可能性基本不存在，它既不是吠陀梵语，也和梵语没有任何关系。然而，在美索不达米亚和西亚的其他若干地方却发现了和印度河印章相类似的石印，那上面的文字或图案同印度的有很多共同之处。学者们据此推测，史前印度河流域文化同当时的西亚文化关系一定颇为密切，而这些石印很可能是古代印度人出售到西亚去的。

学者们关于印度河印章文字的释读或推测真是众说纷纭、莫衷一是。有人认为，印章文字同其他文字间的关系目前尚不能确定，也不能释读成功，有待于进一步发掘或研究，才能稍微解释得清楚些。也有人认为，史前印度河流域所使用的语言酷似达罗毗荼语，因而印章文字和达罗毗荼语有某种渊源关系。还有人认

△ 印章文字

为，这种印章文字是古印度婆罗谜文的先驱。大多数学者则认为，这些印章是被古代印度河流域的居民当做护身符或辟邪之用。因此，印章上的图案和文字符号是某种宗教祷词，代表有特定意义的图形或词语而不代表语音。不过，持不同意见者也大有人在。文森特·史密斯标新立异地写道：印度河流域的印章文字"不可能是一种用字母来拼写的文字，很可能是一种自成音节的有声文字，或是代表某种声音。阅读的时候，应该一行行地从右向左，然后再从左向右地读下去。也就是说，（像早期希腊文那样）是一种交互成行的书写文字"。

尽管为数众多的学者们进行了长期认真的探索和研究，但却没能取得一致意见和有意义的突破。直到19世纪60年代末，印章文字还没有被释读成功，它仍然是印度河流域文明中未完全被人们认识清楚的谜之一。

不过值得一提的是，1954年11月，印度考古局文物鉴定专家S·R·拉奥博士在印度古吉拉特邦的洛塔尔发掘出了210方滑石印章。它证明古代印度河流域文明扩大到了卡提阿瓦半岛。拉奥发现，洛塔尔印章属于晚期印度河流域文明，因为上面的文字要比在印度河中下游发现的早期印章上的文字要简单得多，而且所有的图案在晚期印章上都消失了。

在近20年的艰苦研究过程中，拉奥所采用的方法逐渐得到印度学者的推崇和英、德、美等国碑铭学家的赞誉。20世纪70年代末，他向全世界宣布了

△ 印度河文字

自己对印度河流域文字的新见解。他认为，这种印章文字最初是一种由62个基本符号（包括图案和线形文字）组成的混合文字，后来逐渐演变成由22个符号组成的字母文字。早期的混合文字中包括一些闪语符号和类似于梵语、特别是梨俱吠陀梵语符号。晚期的字母文字中的辅音符号构成了闪语（包括腓尼基语）辅音字母系统的基础。这两种文字都是从右向左书写的。拉奥认为，印度河文明最大的贡献是印度古代文字从缀音文字系统演变到了字母文字系统。印章文字所代表的印度河语言是古印度雅利安（梨俱吠陀）语言的一种较早形式，而不属于达罗毗荼语族。他也认为，印章文字为婆罗谜文的产生奠定了一定基础。拉奥最终辨认了在印度河流域出土的1800多方印章，"辨读了近500多条铭文，并为确定印度河语言的结构提供了更为广泛的基础"。

与此同时，苏联和芬兰学者一直在试图用电子计算机破译印度河文字。他们研究中使用的主要方法是对所有印章文字符号的位置和出现的次数进行分析。他们把一些符号看做是图形，而把另一些看做是具有某种词义的限定词。拉奥认为，苏联和芬兰学者们还没有分析出有的符号是假图形，因此"还没有确切地搞清楚有多少基本符号"。总之，印度的印章文字可以说至今还是一个不解之谜，不知何时才能运用现代人的智慧和技术来解开这个谜。

"萨索里" 文字是世界上最古老的文字吗

　　1999年初，德国考古研究所科研人员在开罗召开的记者招待会上宣布：这个研究的科研小组在对埃及南部离开罗400公里处的"萨索里一世"古墓中发现了大量书写在坛子与黏土板上的文字。经放射性同位素测定，这些文字书写在公元前3300～3100年间，部分文字书写时间早于公元前3400年。具有突破意义的是，科研小组已经解读了300件左右的书写有古文字出土文物中的2/3，即200件左右。科研小组认为，尽管这些文字与美索不达米亚的苏美尔文字有相似之处，但它显然比苏美尔象形文字进步。因而，可认为古埃及的"萨索里"文字是迄今为止世界上最古老的文字。

　　关于什么文字是世界上最古老的文字，20世纪的学术界颇多争论。一般认为，公元前3500年左右的美索不达米亚乌鲁克文化遗址出土的迄今大多未解读的刻在泥板上的象形文字是最古老的文字。但各国学者对此异议甚多，因为几乎在同时，古埃及的象形文字就出现了。公元前3500年的古埃及象形文字在德国科学家发掘"萨索里一世"墓之前已出土，大约有700个文字符号。中国的殷墟甲骨文与商周金文中，保留了500多个文字符号，其历史距今也有5000多年，且大多文字符号已为中国学者解读。此外，印度哈拉帕遗址、希腊克里特岛、美洲的玛雅文明，都有象形文字的遗物，尽管这些象形文字迄今未被解读。

　　尽管这些象形文字年代久远，但现在问题的关键并不在于这些象形文字是否已为今人解读，而在于象形文字本身究竟算不算古文字？有学者提出，如果象形文字就是古文字，那么"世界之最"恐怕轮不到苏美尔或古埃及，世界各地都有原始符号刻在岩壁、洞穴、器皿上的遗迹。就拿中国来说，仰韶文化大汶口文化、龙山文化都有刻有符号的陶器出土，陶器上的几何图案与装饰都是具有表征意义的符号。在大汶口文化两处不同遗址中，出土了刻有同样4种图形的陶缸。考古学家认为，陶缸上刻着的石斧是"戉"字，木锄是"斤"字。如果要推算年代，仰韶文化的西安半坡出土的陶刻几何符号，距今已有6500多年，远比德国学者这次宣布解读古埃及象形文字要早。

正因为如此，有学者提出距今5000～6000年出现的象形文字不是真正的文字，只能算是"文字画"。象形文字为的是摹写事物图像，一般不代表语言符号，不能表音。

从象形文字或"文字画"发展到能读音的音节文字，最后发展到字母文字或音形抽象的文字，这中间一定有个漫长的发展阶段。那么，第一个发明发音符号的是谁呢？大多数古文字学家认为，是公元前1800年居住在西亚两河流域的古代居民取得这一突破性的进展。起先，美索不达米亚的苏美尔人的音节表有几千个符号，使用的是单音节词，如ti、mu、po，即由一个元音与一个辅音构成。随着经济活动、政治活动与社会交往需要的发展，他们逐渐使用两个或更多的辅音音节，双音节与三音节词汇大量出现，使发音符号大大减少，为最终完成向字母文字的转变打下了基础。

如果把音节文字看作最早的古文字，那么目前考证的结论是，最早出现音节文字的是公元前3100年的苏美尔文字、公元前3000年的古埃及文字、公元前2200年的古印度文字、公元前1300年的古中国甲骨文字等。而德国科学家发掘的"萨索里"文字，还没发展到这一阶段。

看来，人类最早的文字究竟起源于何地，何为真正意义的最早的文字？还需做出巨大的努力才能回答这个问题。

玛雅文字之谜

　　玛雅人是美洲唯一留下文字记录的民族。在公元前后，他们创造了象形文字。但出土的第一块记载日期的石碑却是公元292年的产物，发现于蒂卡尔。现存的玛雅象形文字大都被刻在石碑和庙宇、墓室的墙壁上，或雕到玉器和贝壳上，也用类似中国式的毛发笔书写（或者叫描绘）在陶器、榕树皮和鞣制过的鹿皮上。总量相当多，单在科潘遗址一座金字塔的台阶上就有2500多个，这就是世界巨型铭刻的杰作之一——"象形文字梯道"，在8米宽、共90级的石头台阶上布满了古怪而精美的象形文字。

　　玛雅的象形文字与金字塔坛庙结合得如此紧密，清楚表明了它具有的宗教性质。4部存世抄本《德累斯顿手抄本》、《马德里手抄本》、《格马里耶手抄本》和《马黎手抄本》上的象形文字，也无疑是宗教为主的用途。由此我们可以推测玛雅文字最初所象之形，极有可能就是玛雅文明中的各位神祇。他们的形象都很特别，或长着像野象那样的长獠牙，或长着像匹诺曹那样的长鼻子，或脸上涂着代表腐烂死亡的黑圈。而表示这些神祇的象形文字都是抓住其最突出的特点加以抽象，通常只画他的头像。头像即代表神祇的文字。

　　也许玛雅人把一切都看做是有神灵的，北极星神，瓦罐也不是瓦罐而是瓦罐神。于是，有人就看到了千百个神灵头像（面具）的造型。这就是特殊的玛雅文字的起源和特征。

　　无论如何，美洲三大文明的另两个都比不上玛雅：印加只会"结绳记事"，阿兹特克则只是对玛雅文字拙劣模仿。如果说文字的发明和使用是人类进入文明时代的真正标尺的话，那玛雅人就是新大陆上最为文明化、最富智慧的民族了。他们独立地发展出一套精美绝伦的书写体系。

然而，要想破译这些文字绝非易事。玛雅人曾留下过几千本书或抄本，但能幸免于西班牙传教士蹂躏的仅有4本。几乎所有残存的玛雅文字，包括那些烧在瓷器上，刻在石碑、门楣和其它石质建筑上的，都由雕刻的文字和符号所构成。

△ 玛雅文字

最初研究玛雅文字的碑文学家们把这些图形和符号当成象形文字来研究，认为每一个雕刻的文字都代表一个物体、概念或数字。学者们首先试图破译玛雅人的数字系统，结果令人振奋：玛雅人是造诣很高的数学家，其数字系统里包括零，其使用时间竟早于阿拉伯人好几个世纪。作为非常熟练的天文学家和计时专家，玛雅人相信时间是反复循环的。他们还发明完善了详尽严密的日历来计算太阳历的季节和年。

到了20世纪中叶，研究人员们逐渐了解玛雅文明的雏形：一个集数学家、天文学家和祭师为一身，并带有哲理性的民族，他们对于计算时间的流逝和观察星相特别感兴趣。许多考古学家相信，那些正处于破译过程之中的玛雅雕刻文字肯定与历法、天文和宗教有关系。当然，一切都有待于进一步的研究。

超出现代人想象的古代发明之谜

在近现代的考古发现中，一些古代人类的发明创造，超出了现代人类的想象能力，让人百思不得其解。

1401年，在罗马的帕拉斯墓穴中，人们发现了一盏长明不熄的灯。据推测，这座古墓距当时已有2000多年的历史了，而这座墓穴从来没有任何人进入过。也就是说，这是一盏照亮了2000多年的长明灯，真是令人无法想象。1845年4月，人们在罗马附近又发现了一位古代年轻女子的石棺，当人们打开石棺。看到她的尸体时，发现尸体不但没有腐烂，神态也栩栩如生。在她的墓穴中，一盏燃烧了1500多年的不灭之灯，陪伴着这位古代佳人。

科学家们对这些长燃不熄的石灯非常感兴趣，他们不明白这千年明灯的光源是什么，无论是油还是蜡，都不可能历尽千年而不竭。

在雅典的希腊国家博物馆里，陈列着一件1900年发现的金属物体，这个制造技术十分复杂的日晷的齿轮一点也不像古希腊人的制作品，反倒像一部计算机，可以推算出太阳、月亮和其他行星的运行。在经过多次检测后，确认这件物品是几千年前制造的。1959年，一位英国科学家确认这件物品是电脑的雏形。古代希腊人是根据什么制造出这一件物品的呢？当时的科技水平真发达到如此程度了吗？

诸如此类的古代发现还有许多，这些发明的明显超前性，使现代的科学家们惊叹不已，同时也为现代人认识古代人类的发明创造制造了不少难解之谜。

狮身人面像之谜

狮身人面像雄踞在埃及第二大金字塔——卡夫拉（又译哈佛拉）金字塔旁，高约22米，长约75米，是利用一整块天然巨石雕琢而成的艺术杰作。

它头戴"奈姆斯"王冠，额上刻着"库伯拉"圣蛇浮雕，下颌悬着象征帝王威严的长须，面向东方，昂首远视，展示出一副

△ 狮身人面像

傲然漠然的王者风范，给古老的法老陵墓平添了一份庄严和凝重。它那浑圆的头颅，平卧的身躯，同方锥体形的金字塔既是一个强烈的对比，也是一种微妙的平衡，互为衬托，相映成趣。同时，也给疑窦丛生的金字塔增添了一分神秘。

这座狮身人面像究竟是什么时候制作的，为什么要制作它？至今众说纷纭，没有一致的结论。

一种最为普遍的说法是：大约在公元前2610年，埃及第四王朝法老卡夫拉视察刚刚竣工的金字塔工地，发现有一块巨大的岩石弃置在一旁，没被使用。让它继续留在那里吧，的确是有碍观瞻；可要是把这块好不容易才搬来的巨石搬走，又觉得十分可惜。怎么办？聪明的国王马上想出了一个妥善的办法。

"把它琢成一座雕像吧。"卡夫拉这样吩咐说。

工匠们对法老的吩咐心领神会，几年之后雕像终于完成：头部是按照卡

夫拉的形象雕刻的，身躯则被雕琢成一头伏卧的狮子。这就是这座狮身人面像的来历。

为什么要雕琢成狮身人面呢？

因为在古代埃及，狮子是力量的象征，它曾被当作"图腾"来崇拜，埃及法老们也乐于用狮子来比喻自己；人兽结合，正可以表示他们既是神的化身，又有野兽的力量，在民众中造成神秘感和威慑感。因此，它是君主威严和权力的象征。

另一种说法是：它是妖魔斯芬克斯的雕像。

据说，在很古以前，埃及忒拜城外出现了一个人面狮身的怪物，名字叫斯芬克斯。它拦在要道上强迫过往行人猜谜，如果猜不出，就残酷地把他们吃掉。一个叫俄狄浦斯的希腊青年为了除害，主动到它那里。那怪物说：

"早上用四条腿走路，中午用两条腿走路，晚上用三条腿走路。他是世界上唯一用不同数目的腿走路的生物。说，他是什么？"

俄狄浦斯想了想，说："这是人呀！——婴儿时期，他把手当作脚在地上爬行；长大以后，他用两条腿走路；到了晚年，他需要扶着手杖，这手杖就是他的第三条腿。"

俄狄浦斯破了谜，那妖魔羞得无地自容，跳崖而死。

为了纪念俄狄浦斯的功绩，人们立下了这座雕像。

第三种说法是：狮身人面像是一块天然巨石风化而成。它的出现，大约在距今10000年到公元前1430年间，埃及十八王朝王子图特摩西斯四世在荒漠上狩猎，根据一个梦的启示，才发现和清理出了这座石像。

哪一种说法更接近真实，至今还没有定论。

据说，当拿破仑侵入埃及的时候，对狮身人面像的冷漠、傲岸大为光火。他下令向它开炮，打断了他的胡须，打塌了它的鼻梁。如今，石像的胡须碎片被珍藏在大英博物馆里，埃及人为收回这位法老的胡须，同英国进行过严正的交涉。

而那座鼻梁塌陷的石像，饱经沧桑，更显得凝重而威严，带着一种阴郁和恐怖的色彩。每当风沙弥漫、日落黄昏之际，它显现出一种朦胧的似有似无的神秘的笑容，人们称之为"斯芬克斯的笑容"。

斯芬克斯的笑容，成了"表情神秘"的同义语。

尽管"狮身人面像是根据卡夫拉面容雕刻的"这一说法几乎已被当成了铁定的历史，但还是有许多人对此表示怀疑。

所幸的是，卡夫拉留下了一尊黝黑的闪长岩雕像，这是一件雕刻技艺登峰造极的佳品，当学者们讨论狮身人面像到底是不是卡夫拉的时候，常常拿这尊漂亮的雕像作参考。

美国享有盛誉的《国家地理》杂志1991年4月号，和英国《剑桥考古》杂志1992年4月号，先后刊登了芝加哥大学东方学院的马克·列耐尔教授的文章。列耐尔声称，他利用"摄影光学数据和电脑图像"，"证明"了伟大的狮身人面像就是对卡夫拉面容的临摹。

他写道：我们用立体摄影技术造出了狮身人面像的正面像和侧面像……测绘结果用数字输入电脑后，就出现了网状结构的3D立体模型（骨架）；再用260万个平面点，绘出了骨架图上的"皮肤"……

反对者认为："这话说起来很专业，但事实上并非那么吓人。列耐尔所做的一切，无非就是先用电脑给狮身人面像画了一张3D立体骨架图，再把卡夫拉的面孔套在骨架模型上。这说明，只要有良好的电脑成像系统，谁都可以把一座模型变得像另一个人。用一位心直口快的评论家的话说："用同样的电脑技术，可以'证明'狮身人面像原本就是猫王……"

不过，列耐尔毕竟是一位真正的科学家，而不是江湖骗子。他很快就发现，摄影光学分析的结果并不那么美妙：狮身人面像的头颅与其躯体相比"太小了"，而且"伟大的狮身人面像头颅的中心轴与其面部五官的中心轴之间"，存在着"些微的偏差"。也就是说，它的头正对着东方，而五官却稍稍偏北。

这就使人想到，狮身人面像确曾被后人大规模地重新雕琢过。事实恰巧可能是，狮身人面像的头颅曾经很大，甚至可能就是一个真正的狮子的头像，它因为后来的重新雕琢而变小，它的面部中心轴也因此而与头部中心轴稍稍偏离。

　　1992年，一批独立的学者为了解开这一死结，把一位著名的美国侦探——纽约警察局的法医弗兰克·多明戈请到了埃及。此人一直在研制用于犯人的肖像"鉴别器"，他每天的工作就是分析和研究各式各样的人脸。他对两种雕像的上千张照片进行了几个月的比较，最后报告说：

　　这两座雕像各有所表。狮身人面像，从正面看的五官尺寸比例，特别是从不同的侧面看，其五官的角度和面部突出的尺寸，都使我坚信，狮身人面像不是卡夫拉。

　　为什么对这座世界上被研究得最多的古迹，会出现如此多的分歧呢？用马克·列耐尔的话来说，就是：

　　一、没有一种直接的方式可以鉴定狮身人面像的雕琢时间，因为它的原材料是天然岩石。

　　二、在埃及历史上，也缺少提及狮身人面像雕成于旧王国时代的完整的文献资料。

　　实际上，我们在吉萨面对的是一块年代不明、来历不明的岩石古迹。正如那位坦率的埃及学家哈桑所说：

　　有关狮身人面像，我们"无一可以确证"。

　　既然如此，为什么人们总是把狮身人面像和卡夫拉联系在一起，并认定这"已是不争的事实"呢？

　　原因之一是，竖立在狮身人面像两前爪之间的一块花岗岩石碑上刻着的一个音节——"khaf"。

　　碑文已经剥落，它的第13行这样写道：我们给他带来的有牛，有各种蔬菜……我们可歌颂维诺弗尔……卡夫……这就是阿图姆·胡尔·恩姆·阿克特的雕像……

　　翻译这段碑文的英国语言学家托马斯·扬认为："卡夫"就是卡夫拉的名字。他毫不犹豫地在卡夫（khaf）的后面加上"Re"，并且用方括号把它括起来，表示此处剥落的空白已经填补。

　　许多不明真相的后世学者，把这项填补当成了权威。

　　事实上，这项填补只是无知和武断的产物。因为：

一、在整个法老统治时期，所有碑文上的国王名字总是被包围在一个椭圆形的图案里面。早在1905年，美国的埃及学者布莱斯提德就曾经质疑：如果这块花岗岩石碑上残存的"卡夫"确实是卡夫拉的话，怎么可以不带椭圆框形图案？

二、即使碑文第13行的那个音节是指卡夫拉，也不一定表示卡夫拉就是雕像的主人。开罗博物馆古迹部主任马斯伯乐认为，这只能说明卡夫拉国王时期，可能对狮身人面像进行过修复和清理。

三、刻于卡夫拉统治期前后的另一块石碑，即所谓的"财产目录石碑"为马斯伯乐的观点提供了佐证。这块石碑的碑文说，胡夫法老看见过狮身人面像。因为胡夫无可怀疑地是卡夫拉的祖先，所以，狮身人面像必然是出现在卡夫拉之前，甚至胡夫之前。

四、王朝的人只是"利用"了这座已有的雕像，最多也不过是在已有雕像的基础上进行加工而已。

人面狮身像颈部以下有严重的腐蚀剥落的痕迹。但人们一直以为，那是埃及大漠干旱的气候和凌厉的风沙吹蚀的结果。

1961年，著名的法国数学家施瓦勒在一篇题名为《神圣科学》的评论中一语惊人，他说：在洗劫埃及大地的一次次特大洪水来临之前，一定有一段规模庞大的历史文明期。这一推测使我们确信，狮身人面像在那段文明时期就已经存在了。因为，这尊矗立在吉萨西部高崖上的雕像，除头部之外，整个狮身都呈现出无可争辩的水浸迹象。

这段话引起了美国的一位独立研究者韦斯特的高度重视。因为，就尼罗河来说，公元前10000年前后发生的那次大洪水是最后一次，如果狮身人面像确曾受过水浸，那它一定是在公元前10000年之前就已经建成。

为了证明这一点，他求助于波士顿大学的罗伯特·斯科克教授。斯科克既是地质、地层学家，又是古生物学家，是研究狮身人面像的极具权威和极可尊敬的理想人选。

斯科克组织了一个涵盖多个学术领域的专业科研小组，其中包括享有盛誉的地球物理学家多比奇博士。

多比奇用地震测量的方法对狮身人面像进行了仔细的探测。结果显示：在狮身人面像两只爪子之间以及两侧身下的岩床里，有无数个洞穴和异物。同时，狮身人面像的壕坑内壁也布满了很深的垂直裂缝和高高低低的水平坑凹。

这是不是洪水浸泡的结果呢？不是。想要达到狮身人面像颈部，尼罗河水位必须提高18米；而想要达到侵蚀目的，还得在这个高度上保持相当长一段时间。

没有迹象表明，尼罗河水曾经如此猖狂。

这个科研小组一致认为：只有长期的雨水所产生的沉积作用，才会导致这种侵蚀现象……

斯科克指出，狮身人面像表面以及壕坑内壁独特的侵蚀模式，成了"石灰质古迹在历经数千年雨水之后受到何等侵蚀程度的一个有教育意义的典型例证"。

古气候学研究结果表明，公元前2500年前后，吉萨一带引起狮身人面像特殊侵蚀模式的那种大雨已经停止。于是斯科克认为，狮身人面像真正的建造时间，可能"至少在公元前7000年至前5000年之间"。

"我只是跟着科学走。"斯科克说，"科学告诉我，狮身人面像的历史比以前认为的要早得多。"

斯科克的结论带来了一系列的反对热潮。

考古学家认为，公元前7000—5000年之间，尼罗河流域是新石器时代以狩猎为生的原始部落的聚居地，当时的工具仅限于磨制的火石和木棍，人们用什么来雕琢这样雄伟的狮身人面像呢？

加州柏克莱大学的考古学家雷德蒙说："无论如何，这是不可能的。早在卡夫拉王朝数千年以前，人们既无技术能力，也无国家和政府，更无兴建此等建筑的意愿。"

吉萨金字塔总监那哈瓦斯挖苦说："简直是美国式的梦幻！那个韦斯特完全是个门外汉。这个小组绝对是非科学性的。"然而，韦斯特并不满足于斯科克的结论，他说："我和斯科克在年代问题上的看法并不一致，斯科克对此持着谨慎、守旧的态度……而我一直认为，狮身人面像一定是创建于最后一次冰季的冰川融化之前……"

这指的是公元前15000年以前的某一段时间。

他认为：如果狮身人面像的历史并不那么遥远，而是在公元前7000—5000年之间的话，我们一定会找到创建狮身人面像的那次埃及文明的证据。正因为找不到这样的证据，所以韦斯特才认为，创建狮身人面像及其周围墓茔的那次文明，一定是在公元前7000年至前5000年这时期以前，就早已结束并消失了。

他说："那次文明的其他迹象可能被深埋在地下，没有人见到过；也可能被深埋在离现在的尼罗河数公里之外的古尼罗河的河床下，没有人发掘过；甚至可能被埋在地中海海底——因为地中海在最近一次冰季是干枯的……"

一切都到此为止。斯科克未能证明狮身人面像属于公元前7000—5000年的那个时期，韦斯特也未能证明他所认为的更早的历史，传统的埃及学也未能证明狮身人面像到底是否属于卡夫拉王朝，即公元前2500年的那个时代。

换句话说，目前还没有任何人能用合乎情理的标准，来给这一独特古迹修建的历史做出定论。

所以，狮身人面像之谜仍未解开。

狮身人面像面朝东方之谜

埃及金字塔的狮身人面像为何面向东方，而不面向其他方向，如果人类起源地在非洲，这巨大的陵墓前的狮身人面像应朝南方才是，金字塔设计者肯定有一定的用意，诸多学者认为那是因为古人向往日出，崇拜太阳而为，我们结合各种观点及中华黄河文明为人类文明之源的论证，对此有不同的看法。

首先，任何陵墓的朝向、位置都有一定的讲究，但都有一个共同之处，即接近祖坟，或安葬于故土，如无法葬于上述两处，坟的方向则应面向故土，既然现在已公认金字塔是陵墓，那它也一定有此共性。

金字塔里的"木乃伊"是什么肤色人种，其他论证文章早已指出，乃黄色人种先祖，从其出土的壁画上反映出的人形看，其面目无一是黑色人种或白色人种，金字塔距今也只有几千年，这在历史的长河中也是短短的一瞬间，那么木乃伊的后人呢？是现在的黑人吗？不是！是现在的白人吗？更不是！参照考古发现，综合各种历史知识，结论只能是黄色人种。

是黄种人就应与黄种人那一段历史时期结合起来，黄河文明自传说的盘古、女娲、三皇五帝、尧、舜、禹一直没有中断。5000年前至10000年间，黄人先祖是何等威风，即使从5000年到500年前，仍占地球绝大部分。特别是所有适宜人类生存的温带大陆，以黄河为中心的北半球，东跨太平洋至美洲，西越帕米尔高原到北非，均是黄色人种的家园，其后或因忍让，或因安乐，或因内乱等，纯黄色人种家园日益缩小。

也许金字塔的设计者在建造时思念故土，或预感今日之世局，便以狮身人面像朝向东方。任何艺术品都隐藏设计者的思想，古代人未必在艺术上落后现代人，狮身上的人面孔明眼人一眼可看出他是东方人。

这一石像，我们认为设计者的思想不外乎两层含义：一是向世人指示墓里的人其故乡在很遥远的东方，只有奔跑速度最快、能跋山涉水凶猛的狮子方可托其灵魂返回故土；其二是，这一设计者已预感黄色人种面临日益崛起的酷似狮子的其他人种的威胁，预感黄色人种向故土退缩的未来。

△ 狮身人面像面向东方

现在国际上大肆炒作人类的祖先起源于非洲，宣扬这是已经经过科学证明了的历史事实，说人类在远古时是在非洲为居住点的，并以此为起点，慢慢地向欧洲、亚洲迁徙的，后逐渐统领地球，在迁徙的过程中形成了人。前不久，美国科学家用DNA给一个现代亚洲妇女和一个现代非洲妇女做试验检测，发现她们都是属于一个祖先。这仅仅是片面的以化石、基因得出的结论。如果综合各类证据，这些提法根本站不住脚。

几千年来，白人从西北欧寒冷的山洞，一步一步走向平原，渗入北非，侵入印度，特别是在近500年内突飞猛进，将纯黄色人种压缩在以黄河为为中心的地带。在文化科学方面也是如此，对人类起源、文明起源，穷尽一切手段，采用各种方式，如化石、基因、数学等。我们的学者呢？科学家呢？没有人家那种探索、创新精神，应该站出来说话了。不然再过若干年，我们也许真的成了印第安人，我们期待着科学家们会有新的杰作。

千年仙字之谜

在福建省南部的华安县境内，九龙江支流的汰溪入江处的石崖上，散布着5处依稀可辨、约有20来个奇异的摩崖石刻文字，这是我国南方迄今唯一可见的古代石刻象形文字。遗憾的是千百年来多少饱学之士路经此地，却无人能参破字的含义，因此被奉为仙字而名闻四方。最早记载这一古迹的是《太平广记》中的唐书《宣室志》，称这一摩崖石刻系雷劈成字，唐代韩愈曾识得此文。

1957年，福建省文管会派人为仙字潭的文字逐一拓片照相纪录，并发表考察报告认为，这些所谓的仙字其实都是凿刻在崖壁上的象形文字，字体大的长70余厘米，宽20余厘米，小的长10余厘米，宽仅几厘米，都保留着浓厚的原始古朴的象形表意形态，其形状有的像挥动双手的斗士，有的像鼓腹挺立的女性，有的像原始野蛮的猎手，有的像引颈待诛的俘虏。

那么这些仙字究竟是由谁在什么时候创造的呢，这些字的含义是什么呢？一种意见认为这些字产生于春秋时期，另一种意见则认为应更早到商代，字的作者有人认定为泰伯奔吴以后的吴人作品，有人则认定应是福建南部地区古代早期土著居民越人留下的历史痕迹。这些字所记述的内容则是千百年来许多人深研而又不得其详的千古之谜。

1959年，福建师范大学的一位教授在对仙字潭的文字进行全面考察后认为，这些文字是记述春秋时期吴部落的酋长战胜夷、越、蕃三个敌对部落后的记功石刻；1979年又有一位年轻的学者在经过认真全面的考察后提出，这些文字反映了商代或西周初期南方百越民族中的某两个支系或部落之间相互征伐斗争的历史，5处石刻大致表示一个部落酋长从率众出征前杀俘虏祭神到率众出征，斩敌获胜的全过程。

古画之谜

　　1933年，驻扎在撒哈拉的一支法国侦察队在一个无名的峡谷中发现了大量壁画，后来人们通过对壁画的考察发现画中记述的竟是1万年以前的景象。画上的人有一个巨大的圆头，厚重笨拙的服饰，只露两只眼睛，没有嘴巴和鼻子，与现代宇航员的形象十分相似。有人据此推测，这是一幅史前宇航图。无独有偶，在墨西哥帕伦克的墓碑中，有一幅刻在玛雅僧侣石棺上的浮雕画，描绘了一个男人的形象。他弯身向前，双手握着一些把手或按钮，似乎坐在一个飞行器中。一个火箭式导弹的头部上，雕刻着日月星。

　　至今在世界各地的古画中，类似于宇宙航行和宇宙飞船的还很多，比如一个美国人在我国的西藏地区，发现了一幅令他震惊不已的画。他说：令人震惊的是，这幅画上描绘着雪茄烟状的飞艇，飞艇水平地悬空系在一座圆锥形塔上。它为什么采取那种平的姿态及如何保持这种平衡，令我们大惑不解。那锥形物显然是用来上下飞船的，飞船的大小大概与今天可容纳50多位乘客的喷气式飞机差不多。

　　在日本有一种陶制的蒙头小人雕像，因制作年代久远被称为陶古。美国宇航局科研人员鉴定认为，这些陶古是一些穿着宇航服的宇航员，这些宇航服不但有呼吸过滤器、密封的衣帽、带缝的眼镜，而且有由于充气而膨胀起来的裤子。

　　一直以来，当我们面对一些不可思议的古文化遗迹时，常怀疑在古代一些地区的人们掌握了超乎我们常规想象力的能力，而这些古画中的神奇景象是否可以作为佐证，说明一些问题，也尚未可知。

印加人有文字吗

公元1200年左右，自诩为太阳子孙的印加部落在高原上建立了一个强大的印加帝国。到15世纪，印加帝国已包括今天秘鲁、厄瓜多尔、玻利维亚全部，智利的大部分及哥伦比亚南部和阿根廷北部，人口达600万，全国有统一的语言——克丘亚语。印加人在美洲创造了灿烂的古代文化，但令人疑惑的是印加人是否拥有自己的文字？

有些专家坚持认为印加人有自己的文字，而印加文字是什么样的说法就不一了。有人说，印加人画在布板或其他织物上的一幅图画就是他们的秘密文字。据最早侵入印加王国的西班牙人讲，在库斯科太阳神庙附近有一座房屋，专门珍藏着不少画在粗布上的画，都装在金框中，除印加王和专门的保管人员外其他人不得靠近这些画。后来西班牙殖民者抢走了金框，焚毁了全部图画，这些秘密文字也就消失不见了。还有专家认为，印加陶器上那些类似豆子的符号是他们的文字，只是尚未被破译而已。

大多数人的观点，还是倾向于印加人没有自己的文字，而且至今为止，也确实没有找到印加人有过文字的信证。那么，印加人靠什么来记事呢？印加人当时是靠十进位的结绳记事法来记事的。通过考古，人们已获得不少印加人用于记事的绳，其中最长的一条长达250米。印加人借助于绳的颜色、打结的形状与位置大小来记载当时所发生的各种重要事件和自然现象，在印加王国为贵族弟子设立的学校里，教师还专门传授结绳记事的知识和方法。

当我们仰望连现代建筑师都叹为观止的雄伟印加古建筑时，我们能够相信印加人会是在没有文字的情况下创造这一切的吗？

日语属于哪种语系

有人以为日文中夹杂着汉字，就以为日语与汉语是同一体系，但实则不然。汉语属汉藏语系汉语族，而日语属哪种语系至今还是一个谜。

如何确定不同语言是否同一语系，在语言里一般是通过辨别各语言中数字读音相似与否来确定的。在当今世界语言中，没有发现与日语数字训读音相似的数字读音，因此美国学者将日语列为独立语系，中国学者将其视为系属不明的语言。

但日本学者却不满足于日语作为一种孤立的语言体系而存在，总想找出日语的所属语系来。有人把日语与太平洋诸岛语言相比较，把日语与南美语言相比较，但都没有找到令人满意的结果。现在能明确证明与日语同系的语言只有冲绳语，而冲绳是日本领土的一部分，充其量冲绳语也就是日语的一种方言而已。

从日语的语法结构看，日语具有阿尔泰语系的一些特征，由此有人推断，日语可能和阿尔泰语系相连接。如果这种可能成立的话，将证明日本人祖先中的一支来自亚洲北部的蒙古高原、西伯利亚平原，经库页岛、北海道或千岛群岛、朝鲜半岛，进入日本本土。对于中日两国同文同种的误会，则是由汉文化对日本的历史影响造成的。公元4世纪，汉字和汉文化被引进日本，对丰富日语词汇起了重要作用，但日语只是从汉语中吸收了大量的文字、词汇、修辞等形式上的东西并为其所用，但并没有改变日语固有的语言思维方式、语序、语法结构等本质性的东西。中日两国，既不同文，也不同种。

朝鲜半岛何时开始使用金属活字印刷

活字是泥做的，用金属制作活字则是古代朝鲜人即高丽人的发明。金属活字印刷，开辟了印刷术的新纪元。关于金属活字在高丽的起源有种种说法。

一种说法认为，中国人毕昇发明了活字印刷术后，很快活字版印刷术传到了朝鲜半岛，高丽王国开始用泥活字等方法印书，后来又采用木活字印书。到13世纪，他们首先使用铜活字印书。由于众多的汉字使活字印刷比雕版印刷更为不便，到15世纪初期，新建立的朝鲜王国开始较大规模使用活字印刷。1446年，朝鲜官方下令全国采用表音书写体字，这种表音书写体字用来表达朝鲜语，只需少量的符号，因而使用活字印刷十分方便。从此，活字印刷在朝鲜半岛得到了广泛的推广。

还有一种说法认为，高丽用金属活字印书在13世纪前期已开始。按照《南明千画上赠送图歌》中朝本卷末记载，可以看出此书是在高丽1232年迁都到江华岛之前的13世纪初使用金属活字印刷的。另外，关于高丽时期使用金属活字至今传下来的最早记载是来自高丽迁都到江华岛之后李圭甫创作的《新人样定礼文跋尾》一书。一些专家认为，使用金属活字的印刷术要具备几方面技术上的先决条件。那就是要有韧性的干净纸和适合印刷的墨以及铸造活字技术发达，而高丽时期这种技术都很成熟。高丽从11世纪后期向中国大量出口纸，高丽的松烟墨也在中国很受欢迎，证明当时高丽的白纸和墨的制造技术水平很高。但是高丽仁宗四年（1126年）和毅宗二十四年（1170年）两次发生火灾，造成数万卷藏书被烧的悲剧。加上这个时期中国宋金战争接连不断，无法从中国宋朝进口书籍。在这种情况下，对高丽来说，唯一的出路是用已有的技术印刷必要的书籍。但要把少量的书用木版印成多种类书籍需要大量的经费和时间，尤其是在高丽还缺少适合制作木活字的硬木。然而，当时高丽青铜很多，并且高丽的匠人继承新罗以后的金属细工技术和青铜铸造技术传统，他们还具有用高铸法在优质青铜钟上铸铭文的传统和经验。因此，高丽在12世纪末和13世纪初时发明了金属活字，在全世界首先解决了木版印刷中存在的各种弊端。

高丽的金属活字最早被世界承认是在1972年。当年，世界最大的图书馆美国议会图书馆为纪念"世界图书之年"举办展示会，在展示会上第一次公开了巴黎国立图书馆的藏书《直指心体要节》，这本书是公元1377年在青州兴德市用金属活字印刷的。当时《华盛顿邮报》刊登了以"与约翰·顾登堡发明活字开创人类文明的一般常识有所出入，最初的金属活字是由韩国印刷《直指心体要节》时使用"为内容的报道。图书馆方面在与放大的活字照片一起刊登的报道中指出："我们从小学开始学到的是顾登堡于1455年改变了世界，但事实并非如此。"报道还说："比那个时候还早200年，往东8000千米的地方，由韩国人独立开发了活字。"图书馆方面还称，"当时韩国人没有自己的文字，但发现简单的印刷术长处，从中国文字中借用了必要的文字"，并与西欧最初的印刷书籍、天文学者伽利略的月地图、埃及的黄道带等一起，将古代朝鲜半岛的金属活字列入珍贵的遗物。

世界上目前所见最早的古代朝鲜铜活字印书是在约1234年铸字印成的《古今详定礼文》。在中国，传世的最早铜活字本为无锡华燧的会通馆在1490年所印的《宋诸臣奏议》。有些学者根据会通馆印本字体的大小、风格，推测华氏可能受到高丽活字印刷的影响。

古代中国人发明的印刷术影响促进了古代朝鲜印刷业的发展，同样古代朝鲜人发明的金属活字印刷也影响了中国印刷业。这实在是世界印刷史上的佳话。但遗憾的是，因年代久远无实物流传，也无文字记载，已很难做出考证。

日本书法起源于何时

一般人以为书法是中国的独有艺术，其实在中国的东邻日本，书法也是人们喜爱的具有民族特点和风格的一门艺术。

日本的书法称书道，这显然是从中国传过去的。书法艺术自古盛行中国，后来普及到朝鲜、越南和日本。那么，中国的书法艺术究竟是从何时开始传入日本的呢？一种说法认为，日本的书法艺术是通过朝鲜由中国传过去的，据《日本书纪》记载，应神天皇五十八年，朝鲜百济国使王仁进献了《论语》10卷、《千字文》1卷，带去了系统的汉字和汉文的典籍，因此这算是日本人学汉文的真正开始。后来，王仁的子孙同化为日本人，住在大和、河内之地，任祭扫、出纳等职。到了推古天皇朝代，日本与隋朝建立了邦交，随着留学生和留学僧的归国而带去了中国书法。

另一种说法是，日本书法艺术起源于奈良时代，其祖师亦为王羲之。公元754年，中国僧人鉴真东渡，带去"二王"（王羲之、王献之）书法真迹，使"二王"书法在日本流传。当时的上层人物对书法很感兴趣，争相练写，其中圣德太子亲笔抄写的《法华义疏》成为日本最早的书法作品。日本当时全面吸收中国唐朝文化，书道也不例外，在大学寮里设有书法博士，教学生学中国书法，并出现了空海、嵯峨天皇、橘逸势等著名书法家。当时身居"正仓院"的光明皇后书法造诣很高，她也喜欢临写王羲之的书体，她所临摹的《乐毅论》一直被后人视为书法精品，这对于日本书法的形成发展起了很大影响。当时日本书法界人士崇拜王羲之简直到了顶礼膜拜的程度，甚至后期的假名书法也深受王羲之书法艺术的影响。

还有一种说法认为，书法艺术是日本高僧空海从中国带过去的。空海（774～835年），日本宝龟五年（774年）六月十五日生于赞岐国多度郡弘田乡，自幼素有神童之美誉。15岁时随舅父阿刀大足学习汉文文章、史传和儒家经典（阿刀大足是桓武天皇的皇子伊予亲王的老师）。空海18岁时入京都大学辽明经科研修儒学，从而打下了汉学修养的坚实基础。由于佛教兴味的驱使，他中途退学，到深山密林中苦修"忏悔"之法。为了解明深奥的佛教教义，空海入唐求学。抵达长安后，他以极大的热情遍访各地高僧，如饥似渴地汲取文化知识。公元805年，投拜在长安青龙寺真言宗七祖惠果（746～805年）的门下。惠果对这位才华横溢且来自东瀛的出家人厚爱有加，为他授胎藏界、金刚界灌顶，接受密教的洗礼，并赠他以"第八祖遍照金刚"的法号，从而使空海获得了密教正宗嫡传的最高荣誉。空海归国后，将从中国带回的大量物品献给嵯峨天皇，其中除佛教经典外，还有《欧阳询真迹》、《大王诸舍帖》、《不空三藏碑》及其他诗文集等。由于兴味相投，天皇常召请他入宫，切磋书艺，清谈唐风志向。空海杂糅王羲之的风骨、颜真卿的笔法，加以自己的创造，形成了独特的书法笔式，被称为日本书法第一人，其代表作有《风信帖》、《灌顶记》。和空海志同道合的嵯峨天皇博学多才，学习欧阳询的书法，是日本欧体书法中成就最大的一位，其代表作是《光定戒牒》。在公元804年和空海一起赴唐学习的橘逸势书法造诣也很高，但可惜其真迹未能流传至今，现存的《伊都内亲王原文》是后人的摹品。

有学者认为，日本书法艺术的起源还可以追溯得更早，日本现存最早记载有文字的实物是从"熊本江田船山古坟"中出土的大刀。据考证，这把上面刻有铭文的大刀是大约1500年前的东西。另外，像"偶田八幡人物画像铭"和"法隆寺金堂师像光背铭"以及"宇治桥断碑"和"那须国造碑"等铭文碑文也都是日本最早的文字。这些铭文碑文的书体近似中国六朝时期的书体（即魏碑体）。其后，有一位叫昙征的朝鲜和尚把制墨和造纸的技术传进了日本，加上当时外来的移民传入了制笔的技术，从事书法艺术所需的各种条件逐渐具备，墨迹书法也随之出现。可以说这段时期是日本书法艺术形成的萌芽时期。经过长时间的推广、发展，到了17世纪中叶，中国黄檗宗、名僧隐元等赴日，带去了中国造诣很深的书法，使日本书道得到了极大突

破，出现了诸如北岛雪山、细井广泽等隐元流派书法家。到了清末，从中国来日本的清朝公使馆官员杨守敬，带来1.3万件拓本碑帖，给日本书法带来划时代的变化，被尊为日本书道的现代之父。如今，日本书道极为普及，有3000万人学书道，占全国人口数量的1/4；从小学到大学都开设书法课，有4所大学实行书道本科4年学制。日本书道繁花似锦、流派繁多，书道组织远超过中国。可以这样说，日本的书法艺术是和中国的书法艺术一脉相承的。随着日本的政治、经济和文化的发展变化，书道艺术也有所发展，并逐渐脱离了传统的模仿中国的书风，形成了与中国书法并驾齐驱的具有日本民族特点和风格的一门艺术。

"训民正音"是谁发明的

　　现在在朝鲜民主主义人民共和国、韩国使用的文字最初称"训民正音",简称"正音",亦称"谚文",后改称朝鲜文,"训民正音",于1997年10月在联合国教科文组织被登记为世界文化遗产。

　　"训民正音"意为教百姓以正确字音。据历史记载,是在朝鲜王朝第四代王世宗时期开始建立使用的。在此以前,朝鲜半岛曾经采用汉文作为书面语。于此过程中,创造了利用汉字的音和义标记朝鲜语的一种特殊方法,称为"吏读"。这种方法虽比直接使用汉文进了一步,但仍无法解决言文不一的弊病。在古代朝鲜社会,两班(贵族)阶层使用汉字,中下阶层使用吏读。声音语言都用朝鲜语,而在文字语言上,两班(贵族)阶层和中下阶层分别使用汉字和吏读,从而造成了很大的不便。况且当时使用的汉字系标记汉语的文字,不适合标记与之不同结构的朝鲜语言,因此大多数百姓难以学习和使用。那么,"训民正音"是由谁发明创造出来的呢?

　　一种说法认为,是朝鲜王朝第四代王世宗在世宗二十五年(公元1443年)独创性地创造出来的。起名为训民正音的朝鲜字是模仿人体的发音器官和组成宇宙的三大要素(天、地、人)而创制的,其最大特征在于文字本身,但其用法又很独特。朝鲜字是与罗马文字相同的标音文字,但与每个单词独立的英语不同,以28个辅、母音组成的韩字由属于一个音节的几个字形成方块形,这样朝鲜文字既是音素文字,又带有音节文字特征,故被认定为科学文字。朝鲜字创制初期共有28个字,现在有4个字已不使用,这样变成为辅音14个字、母音10个字,一共24个字,这样既能够准确地标记所有声音,又便于学习和使用。1527年,朝鲜语文学家崔世珍在《训蒙字会》里,改排字母顺序,规定字母名称,改进了朝鲜文。1954年,朝鲜民主主义人民共和国在此基础上再次改进，并取消了夹用的汉字。但韩国至今仍夹用汉字。

也有的学者认为，朝鲜语可能属于阿尔泰语系，这是一种黏着型语言。实际上朝鲜半岛在檀君古朝鲜时期，已创制了一种民族语言文字——神志文字。这种文字已经有单元音、复元音、辅音等各个音素，并且用附加成分表示语法范畴。名词和代词有格和数，动词有态、尊称、时、式和阶称，形容词有尊称、时、式和阶称。尊称和阶

△ 训民正音

称范畴后来成为朝鲜语语法的重要特点。尊称范畴具有说话者对听话者以及谈话所涉及的对象表示尊敬的意义。阶称范畴是说话者对听话者表明一定的尊卑礼节关系，分尊敬阶、对等阶和对下阶3种。声态词和叹词也已经非常丰富。但是，汉文作为书面语还是在许多地方被广泛使用。1444年，朝鲜王朝第四代王世宗时期，在古代神志文字的基础上创制的民族文字——"训民正音"，表现出了近似汉字又不是汉字的一套间架结构，符号的组合以音节为单位，从此朝鲜文完全可以用一套音位字母来拼写，将朝鲜语言文字的发展推向高峰。

中、印、希三国寓言为什么那么相似

研究发现，在中国、印度、希腊3个古国的寓言故事中，有很多相似的地方，那么这些寓言故事源于何地？

中国北魏时代（6世纪）著名史学家崔鸿，曾经编辑过一部《十六国春秋》，其中有一篇写了白兰王吐谷浑阿柴临终前的一个故事：

白兰王吐谷浑阿柴临卒，呼子弟请曰：汝等各奉吾一支箭，将玩之地下：俄而命母弟慕延曰：汝取一箭折之，延折之；又曰：汝取十九只箭折之，延不能折。柴曰：汝曾知，单者易折，众则难摧，戮力一心，然社稷可回，言终而卒。

无独有偶，《伊索寓言》中的《农夫的（内讧的）儿子们》的故事是这样的：

农夫的儿子们时常内讧，他屡次劝导他们，可是只用口说不能说服，他觉得必须用事实来说服才好。他便叫他们去拿一束木棒来，他们依了命令来了，他先把整束交给他们，他们把整束木棒折断，他们谁也折不动。农夫随后把那一束解开，各人都给一支棒，他们将棒很容易地折断了。他那时说道：儿子们，你们看吧，假如齐心一致，你们不会被敌人征服，但若是内讧，便要被打倒。

这是一个很出名的故事，是说明"团结就是力量"的颇有说服力的例证。

在这里，此寓言与《十六国春秋》里的故事对照一下，从立意到表达方式完全相同。有人说，崔鸿是将《伊索寓言》的这一故事改编了一下。

但是，也有人说，《十六国春秋》里的故事依据的是当时我国的民间传说，并还进一步指出：《二十四史》中《魏书》卷一·百一的《吐谷浑传》

所记与崔鸿所录一模一样。《魏书》的作者是北齐的魏收，比崔鸿稍晚。纪昀在《四库提要》里评论《魏书》时指出：它"互考诸书，证其所著，亦未甚远于是非……"这样看来，《魏书》乃至崔鸿的故事并非源于《伊索寓言》，是耶？非耶？

唐朝柳宗元的"三戒"是一组寓言，共3篇，每篇短小精悍、灵巧明快、生动活泼，值得反复诵读。兹将《黔之驴》移录如下：

黔无驴，有好事者船载以入，至则无可用，放之山下，虎见之，庞然大物也，以为神，蔽林间窥之，稍出近之，愁然莫相知。

他日。驴一鸣，虎大骇，远遁，以为且噬己也。甚恐。然往来视之，觉无异能者。益习其声，又近出前后，终不敢搏，稍近，益狎，荡倚冲冒。驴不胜怒，蹄之。虎因喜，计之曰："技止此耳。"因跳踉大㘎，断其喉，尽其肉，乃去。

单看内容，人们肯定会以为这是用文言文写的《伊索寓言》，因其亦有《初次看见的骆驼》，究竟是柳宗元翻译了《伊索寓言》还是《伊索寓言》吸收了中国古代的妙喻。有人认为：柳宗元的寓言故事还见于古印度的《佛本生经》，因此说：柳宗元时期已有好些《佛本生经》版本在中国流行，佛教经典肯定也在柳宗元涉猎的范围之内，《三戒》的标题、体例等处处都显示佛典对他的影响。

但是，有位著名的老先生却认为：驴与虎的关系是自然的安排，是自然的规律；内容形式都相仿的寓言便自然会出现，这是不足为奇的。

有人还指出：中、印、希3国寓言的相似，必有其相互传播的因素，仔细地、从各方面资料去探索，这个谜还是能揭开的。

迄今为止，这还是文化史上的一个谜。

曹植与《洛神赋》之谜

曹植，字子建。他是曹操的夫人卞氏的第三个儿子，与曹丕为同母兄弟。曹植自幼便聪颖过人，10岁的时候就能出口成诗，下笔成章，很受曹操的宠爱。

在曹操的3个儿子中，曹操曾经认为曹植是"最可定大事"者，几次都想要立他为太子。但是，最终曹植还是在同长兄曹丕的争斗中失败。曹丕当了皇帝以后怕他日后势力壮大，威胁到自己的皇位，便派人把曹植抓到洛阳来，想借口杀掉他以除后患。

曹丕限曹植7步之内以兄弟为题，吟诗一首，其中还不能出现兄弟两个字；如果做不到就要处死。曹植知道这是曹丕想借机杀了自己，心中十分的悲伤。忽然看到炉火中的豆萁，便随口做了一首七步诗："煮豆燃豆萁，豆在釜中泣，本是同根生，相煎何太急！"曹丕听后，动了恻隐之心，曹植才免得一死。

在曹植的作品中，除了"七步诗"，最有名的就是《洛神赋》了，文中曹植如此描述洛神的美貌："翩若惊鸿，婉若游龙，荣耀秋菊，华茂春松，若轻云之蔽月，似流颈秀项，皓质呈露，芳泽无加，铅华弗御。云望峨峨，修眉联娟，丹唇外朗，皓齿内鲜，明眸善睐，面辅承权，环姿艳逸，仪静体闲，柔情绰态，媚于语言。"从神韵、风仪、情态、姿貌，到明眸、朱唇、细腰、滑肤等方面把洛神描绘得淋漓尽致，使人如闻其声，如睹其形。此外曹植还描写了洛神的动态美。曹植借飘忽的梦境，活生生把他梦中情人幻化出来，一点痴念，万缕相思，凝聚成一篇千古不朽的文学作品。

后来，著名画家顾恺之依据《洛神赋》，画了流传千古的名画《洛神赋图》，其中最感人的一段描绘的是曹植与洛神相逢，但是洛神却无奈离去的情景。

那么曹植所描写的"洛神"和顾恺之画中的"洛神"到底是谁呢？会不是就是后人所猜测的，洛神其实就是曹植的嫂子甄氏呢？根据史书记载，后人推测：由于曹植天赋异禀，博闻强记，10岁左右便能撰写诗赋，所以颇得曹操及其幕僚的赞赏。早在官渡之战时，曹植就曾在洛河神祠偶遇藏身于此的袁绍儿媳甄氏，由于怜香惜玉，曹植将自己的白马送给了甄氏，帮助她逃返邺城，甄氏也将自己的玉佩赠给了曹植以示感谢。

当两人再次相见时，都觉得命运注定。当时曹操正醉心于他的霸业，曹丕也有官职，而曹植则因年纪尚小、又生性不喜争战，于是为了能够与甄氏朝夕相处，当父兄为一统天下奔忙时，曹植与甄氏的感情迅速发展，到了难舍难分的地步。

七八年过去了，曹操已经稳稳地掌握了北方的局势，汉献帝以冀州十

△ 曹植与《洛神赋》

郡划为魏国，封曹操为魏公，定都于邺。在谁来继位的问题上，曹操十分矛盾，因为长子曹昂早亡，还有4个儿子为卞氏所生：长子曹丕，次子曹彰，三子曹植，四子曹熊。

四个儿子中曹操最偏爱曹植，倾向于封曹植为世子。但曹植不治威仪，放荡恣肆，而且三番两次耽误大事，擅自开启司马门，使得曹操对他失望透顶。在这种情况下，曹丕顺利地当上了世子。曹操死后，曹丕于汉献帝二十六年（公元229年），登上帝位，定都洛阳，是为魏文帝。

魏国建立后，曹丕对甄氏和曹植错综复杂的关系难以释怀，因此仅封她为妃，所以甄氏始终未能得到母仪天下的皇后地位。而甄妃此时已经年逾40，曹丕34岁。由于后宫佳丽众多，甄妃逐渐色衰而失宠，在曹丕当上皇帝之后的第二年便郁郁而死。

甄氏死的那年，曹植到洛阳朝见哥哥。甄氏生的太子曹睿陪皇叔吃饭。曹植看着侄子，想起甄氏之死，心中酸楚无比。饭后，不知出于什么原因，曹丕遂将甄氏的遗物玉镂金带枕送给了曹植。

曹植睹物思人，在返回封地时，夜宿舟中，恍惚之间，遥见甄妃凌波御风而来，曹植一惊而醒，原来是南柯一梦。回到鄄城，曹植脑海里还在翻腾着与甄氏洛水相遇的情景，于是文思激荡，写下一篇《感甄赋》。由于这篇赋，感情真挚，词语优美，因此被人到处传抄，到了家喻户晓的地步。曹丕知道后也并没有追究，但是4年后（公元234年），甄妃所生之子曹睿继位为明帝，觉得赋的名字不雅，于是改称为《洛神赋》。曹丕死后，群臣本来想立曹植为帝，因此曹睿即位后，对于他这位才华横溢而又深得人心的叔叔，产生了莫大的戒心，因而一而再、再而三地迁改曹植的封地，曹植不堪忍受政治失意和颠沛流离之苦，于是落落寡欢而死。

由于此赋的影响，加上人们感动于曹植与甄氏的恋爱悲剧，故口口相传，就把甄氏认定成洛神。《太平广记》卷三百三十一《萧旷》篇和《类书》卷三十二《传奇》篇，都记述了此事。洛神说："妾，即甄氏也……妾为慕陈思王之才调，文帝怒而幽死。后精魂遇于洛水之上，叙其冤抑。因感而赋之。"李商隐在他的诗作之中，曾经多次引用到曹植感甄的情节，甚至说："君王不得为天下，半为当刚赋洛神。"

但是另一种观点却认为，所谓的"洛神"并不是甄氏，甚至曹植和甄氏也没有发生过恋情。反对的理由是：

第一，曹植不可能爱他的嫂嫂，曹植与嫂嫂之间的感情只是亲人之间的感情。曹植在年轻的时候与嫂嫂之间是一种亲人关系，长大后，曹丕与曹植兄弟之间存在着紧张的政治斗争，曹植不会有很多的机会来接近甄氏。假若《感甄赋》真是为甄氏而作，曹丕不会让这样的文章到处流传。

第二，在中国古代社会中，人们很看重各种伦理。图谋兄妻，这是"禽兽之恶行"，《洛神赋》不过是由于曹植备受兄侄的猜忌，建功立业的理想始终无法实现，因此借《洛神赋》中"人神道殊"来表明自己壮志难筹、报国无门的悲愤心情。

第三，魏文帝曹丕向曹植展示甄氏之枕，并把此枕赐给曹植，极不合情理，纯属无稽之谈。既然曹丕没有将玉枕赠给曹植，那么就不会有曹植睹物生情，而为甄氏作《感甄赋》了。

第四，《感甄赋》确有其文，但"甄"并不是甄后之"甄"，而是鄄城之"鄄"。"鄄"与"甄"是通假字，因此应当是"感鄄"。曹植在写这篇赋前一年，任鄄城王。这篇赋其实是曹植"托词宓妃，移寄心文帝"而作的，是赋中所说的"长寄心于君王"。

后人否定曹植与自己嫂嫂的爱恋关系不过是重复这些观点。如果说有所增加，只是说14岁的曹植不大可能爱上一个已经24岁的已婚女子。但是从实际情况来看，行为比较随意的曹植是很可能爱上不仅有美貌，又有与自己有较多的相同爱好的嫂嫂的。看来，《洛神赋》中，曹植所描述的"洛神"，很可能就是自己嫂嫂的化身。

美国自由女神像的原型是谁

举世闻名的自由女神像,高高地耸立在美国纽约港口的自由岛上。自由女神像是美国国家的纪念碑,它高46米,底座高47米,其全称为"自由女神铜像国家纪念碑",正式名称是"照耀世界的自由女神"。整座铜像耗材120吨钢铁,80吨铜片、30万只铆钉,总重量达225吨。铜像内部的钢铁支架是由建筑师约维雷勃杜克和以建造巴黎艾菲尔铁塔闻名于世的法国工程师艾菲尔设计制作的。

女神双唇紧闭,头戴光芒四射的冠冕,身着古代罗马长袍,右手高擎长达12米的火炬,左手紧抱一部象征《美国独立宣言》的书本,上

△ 自由女神像

面刻着《宣言》发表的日期"1776.7.4"字样。脚上残留着被挣断了的锁链,象征着暴政统治已被推翻。花岗岩构筑的神像基座上,镌刻着美国女诗人埃玛·娜莎罗其的一首脍炙人口的诗:送给我你那些疲乏的和贫困的挤在一起渴望自由呼吸的大众,你那熙熙攘攘的岸上被遗弃的可怜的人群,你那无家可归饱经风波的人们,一齐送给我,我站在金门口高举自由的灯火。

女神身体微微前倾,气宇轩昂,神态刚毅,给人以凛然不可侵犯之感。晨光熹微中远眺,女神雄伟、优雅;夜幕四合时,神像基座灯光向上照射,

将女神映照得宛若一座淡青色的玉雕。从女神冠冕的窗孔中射出的灯光，又好像在女神头上缀有一串闪着金黄色光芒的珍珠。女神右手高举的火炬在夜空中发出橙黄色的光辉，给热闹、喧嚣的大都会平添了一处颇为壮观的夜景。

自由女神像源自于法国政治。1865年，拿破仑三世即位后，法国一批资产阶级学者希望能够结束君主制，建立起新的法兰西共和国。因此出于对大西洋彼岸的共和国的赞许，也为了增进法国人民和美国人民相互间的感情，他们筹资并委托著名雕塑家巴托尔蒂设计了这座雕像，作为庆祝美国建国100周年的礼物。自由女神像在法国建造完成，并于1886年7月4日美国100周年国庆日时作为法国人民的礼物正式交给了美国大使。女神像被拆散装箱，用船运往纽约，并重新组装在自由岛内由美国政府出资并委托美国建筑师理查德·英里斯亨特设计的巨大基座上。1886年10月28日，纽约港内轮船汽笛长鸣，烟花绽放，在21响礼炮中，美国总统格罗弗·克利夫兰亲自宣布自由女神像正式在美国落成。

巴托尔蒂与雕塑大师罗丹同时代，在创作中非常严格地遵循古典的学院派创作法则，以创作巨大体量的雕塑见长。关于巴托尔蒂创作自由女神的原型有几种说法。

一种说法是，1851年路易·拿破仑·波拿巴发动政变推翻第二共和国后的一天，一群坚定的共和党人在街头筑起防御工事。暮色苍茫时，一个年轻姑娘手持熊熊燃烧的火炬，跃过障碍物，高呼"前进"的口号向敌人冲去，这时波拿巴分子的枪声响了，姑娘倒在血泊中，巴托尔蒂亲眼目睹这一事实，心情久久不能平静。从此这位高举火炬的勇敢姑娘就成为他心中自由的象征。他将这位端庄丰盈的姑娘形象塑造得惟妙惟肖，使人感到亲切、自然。

还有一种说法认为，自由女神像的原型是巴托尔蒂的妻子。1865年，巴托尔蒂在别人的提议下，决定塑造一座象征自由的塑像，由法国人民捐款，作为法国政府送给美国政府庆祝美国独立100周年的礼物。有趣的是没过多久，巴托尔蒂在一次婚礼上同一位名叫让娜的姑娘邂逅，让娜长得美丽端庄，仪态万方。巴托尔蒂认为让她来为"照亮全球的，自由神像做模特是十分相称的，让娜欣然允诺这一要求。在雕塑过程中，他们之间产生了纯洁的爱情，终于结为夫妻。

另有一种说法认为，巴托尔蒂在塑造这一作品时，深受德拉克洛瓦的名画《自由领导着人民》的影响，这座自由女神像的脸部轮廓，巴托尔蒂是以自己的母亲为范本所构建出来的。而女神严峻的面庞和刚毅的神态则反映了作者母亲追求自由的理想。

最近几年来，美国有些学者提出，自由女神像最初可能是为了颂扬解放黑奴而建的，而且原型还是黑人。美国哈佛大学美籍非洲裔研究员纽曼说："自由女神像百分之百关乎奴隶制度，与移民完全无关……'自由'指的是奴隶的自由。"纽曼还指出，学术界中普遍相信拉布莱伊（提出建造女神像的法国历史学家）是想用自由女神来纪念奴隶获解放，兼庆祝美国支持联邦政府的一方在南北战争中获胜，以及纪念解放黑奴的美国总统林肯。凑巧的是，当自由女神像在1886年竖立时，欧洲移民开始由纽约湾源源拥入美国，他们仰首一望就看到这个女神像，自由女神像因而被赋予一个全新的象征意义。美国负责国家公园事务的人类学家若斯芙也同意这个观点。

不管自由女神像原型究竟是谁，巴托尔蒂由于创作了自由女神这一举世闻名的艺术珍品而受到美国人民和法国人民的高度尊崇。巴托尔蒂因此曾经当选为纽约市荣誉市民和法国荣誉勋团指挥级团员。他于1904年10月5日在巴黎逝世，但他所塑造的自由女神像永远表达着人民对自由的热爱和向往。

《西游记》中 "女儿国" 消失之谜

　　一位美丽痴情的女王、一条喝了其中的水就能生孩子的子母河，《西游记》中描写的 "女儿国" 曾经留给人无数的幻想。"女儿国" 究竟是吴承恩全凭天马行空的想象力虚构出来的理想乐园，还是历史上果真有过这样一个 "女儿国" 呢？史书中记载的东女国是否就是传说中的 "女儿国" 呢？

　　"'女儿国' 在历史上的的确确存在过，而且现在有一些村寨一直将 '女儿国' 的古老习俗留存至今。" 四川省社科院历史所研究员、四川康藏研究中心副主任任新建如是认为，他经过长期研究和实地考察发现，今天四川甘孜州的丹巴县至道孚县一带就是《旧唐书》中记载的东女国的中心。

　　东女国是否就是传说中的 "女儿国" 呢？据《旧唐书》第一百九十七卷《南蛮·西南蛮传》记载："东女国，西羌之别称，以西海中复有女国，故称东女焉。俗以女为王。东与茂州、党项接，东南与雅州接，界隔罗女蛮及百狼夷。其境东西九日行，南北二十二日行。有大小八十余城。"

　　据任新建解释，按照《旧唐书》的记载，东女国南北长22天的行程，东西长9天的行程，如果按照过去一天骑马40公里或者步行20公里，那么东女国应该南北覆盖400～800公里，东西覆盖180～360公里。

　　据史书记载，东女国建筑都是碉楼，女王住在九层的碉楼上，一般老百姓住四五层的碉楼。女王穿的是青布毛领的绸缎长裙，裙摆拖地，贴上金花。东女国最大的特点是重妇女、轻男人，国王和官吏都是女人，男人不能在朝廷做官，只能在外面服兵役。宫中女王的旨意，通过女官传达到外面。东女国设有女王和副女王，在族群内部推举有才能的人担当，女王去世后，由副女王继位。一般家庭中也是以女性为主导，不存在夫妻关系，家庭中以母亲为尊，掌管家庭财产的分配，主导一切家中事务。

△ 扎坝服饰

那么，历史上的东女国后来消失了吗？

《旧唐书》关于东女国的记载是十分详细的，但是到了唐代以后，史书关于东女国的记载几乎就中断了。难道东女国的出现只是昙花一现吗？

任新建说，唐玄宗时期，唐朝和土藩关系较好，土藩从雅鲁藏布江东扩到大渡河一带。可是到了唐代中期，唐朝和土藩关系变得紧张，打了100多年的仗，唐朝逐步招降一部分土藩统治区的少数民族到内地，当时唐朝把8个少数民族部落从岷山峡谷迁移到大渡河边定居，这8个部落里面就有东女国的女王所率领的部落。

当时东女国女王到朝廷朝见，被册封为"银青光禄大夫"，虽然是虚衔，但是品级很高，相当于现在的省级官员。后来到了唐晚期，土藩势力逐渐强大，多次入侵到大渡河东边，唐朝组织兵力反击，在犬牙交错的战争中，东女国的这些遗留部落，为了自保就采取两面讨好的态度。

后来，唐逐渐衰落直至分裂，土藩也渐渐灭亡。土藩崩溃后，曾经被他们统治的青藏高原重新回到了原来的部落时代，唐代分裂后，也没有力量统一管理，到了后来的宋、元、明三代，对于青藏高原地区的统治很薄弱，因此基本没有史料记载，一直到清代才把土司制度健全。而东女国的遗留部落由于靠近交通要枢，受到外来文化的影响，女王死后没有保留传统习俗，逐渐演变成父系社会，而有一些部落依旧生活在深山峡谷，保留了母系社会的痕迹。比如，今天的扎坝地区依旧保留着东女国的古老习俗

根据任新建的考察，历史上的东女国就处在今天川、滇、藏交汇的雅砻江和大渡河的支流大、小金川一带，也是现在有名的女性文化带。"而扎坝极有可能是东女国残余部落之一，至今保留着很多东女国母系社会的特

点。"任新建说。

扎坝过去是一个区，现在有7个乡，5个乡在道孚县境内，2个乡在雅江县境内，一共生活着将近一万人。任新建在扎坝调查时发现，女性是家庭的中心，掌管财产的分配和其他家庭事务，与东女国"以女为王"相似，有的家庭有30多个人，大家都不结婚，男性是家中的舅舅，女性是家中的母亲，最高的老母亲主宰家中的一切。"很明显是母系社会的残余，经过现代社会的冲击，已经和原始的母系社会不完全一样，只是保留了一些基本特点。"任新建说。

扎坝人依然实行走婚，通过男女的集会，男方如果看上了女方，就从女方身上抢来一样东西，比如手帕、坠子等，如果女方不要回信物，就表示同意了。到了晚上，女方会在窗户边点一盏灯，等待男方出现。扎坝人住的都是碉楼，大概有10多米高，小伙子必须用手指头插在石头缝中，一步一步爬上碉楼。此外，房间的窗户都非常狭小，中间还竖着一根横梁，小伙子就算爬上了碉楼也要侧着身子才能钻进去，就好像表演杂技一样，这个过程要求体力好，身体灵活，这其实也是一个优胜劣汰的选择。第二天鸡叫的时候，小伙子就会离开，从此两人互相没有任何关系。男方可以天天来，也可以几个月来一次，也可以从此就不来了，他们之间的关系叫做"甲依"，就是伴侣的意思。女方可以同时有很多"甲依"，但也有极少数姑娘一辈子只有一个"甲依"，两个人走婚走到老。女方生小孩后，"甲依"一般都不去认养，也不用负任何责任，小孩由女方的家庭抚养。但奇怪的是，当地的小孩一般都知道自己的父亲是谁。

神秘莫测的纳斯卡地画之谜

在秘鲁共和国西南沿海伊卡省的东南隅，有一座名字叫"纳斯卡"的小镇。小镇边上有一片广袤的荒原，人称"纳斯卡荒原"。

本世纪中叶，一支考古队来到纳斯卡荒原进行考察。他们在寻找水源时，意外发现荒原上有许多"沟槽"。"沟槽"深度为0.9米，宽度有的只有15厘米，有的达20米。当时他们搞不清楚这"沟槽"是怎么回事，称这是"一个不知为何建造的巨大而玄妙的工程"。之后，考古学家从高空俯瞰，才发现这些"沟槽"是组成许多巨大图案的线条。

这些巨大图案内容丰富：有三角形、长方形、梯形、平行四边形和螺旋形之类的几何图案；有类似现在的飞机场跑道和标志线的图案；有许多动物和植物的图案；有人形的图案，其中有一个人形，只有一个头和两只手，且一只手仅有4个手指……这些图案线条精确，互不交叉，两面栩栩如生。这些图案是什么时候创制的，是谁创制的，创制这些图案干什么？半个多世纪以来，许多科学家都在探讨这些问题。

有的科学家认为，荒原图案可能是有实用价值的古地图，一些巨画标明宝藏的所在，但一般人无法读懂"密码"。

有的科学家认为，荒原图案可能是古纳斯卡人举行盛大体育活动的场所，那些图案是为各项体育活动而设计的。

有的科学家认为，荒原图案可能是古纳斯卡人举行宗教仪式的场地，那些图案中的各个图像分别为各个氏族的图腾。

总之，纳斯卡荒原图案仍是一个未解之谜。

"断臂维纳斯"之谜

有关"断臂维纳斯"的故事在世界上广为流传。人们在惊叹"维纳斯"之美的同时，也对她充满了疑惑和困惑。"断臂维纳斯"像是由一希腊农民发现的。1820年4月的一天，爱琴海中米洛岛上，农民伊沃高斯带着他的儿子在耕地。正当他们打算铲除一丛矮灌木时，突然发现了一个大洞穴，走进这座山洞，一座优美绝伦的半裸女大理石雕像展现在他们眼前。这就是"断臂维纳斯"像。这个消息很快便被法国驻希腊代理领事路易·布莱斯特得知。于是，他赶快把这一消息报告给了法国公使利比耶尔侯爵。侯爵从伊沃高斯手中以2.5万法郎的高价买了这座雕像，偷偷地把它装上法国军舰运往法国。雕像现陈列于法国巴黎著名的罗浮宫美术馆，成为罗浮宫的珍品之一。"断臂女神"的再生使人们产生了一连串的疑问。她是谁，谁是她的制作者，她的手臂哪儿去了，断臂之前的姿态又是怎样的呢？

△ 断臂维纳斯

一、"维纳斯"的作者之谜

有关"维纳斯"名字的来源是这样的：在古希腊人神话传说中有一个专司"美"和"爱"之职的女神：阿佛洛狄忒。当这位"美"和"爱"的女神传到古罗马时代，罗马人便将她称为"维纳斯"。这座石像的脸型很像公元前4世纪古希腊著名雕塑家普拉克西德雷斯的作品"克尼德斯的维纳斯"的头部，所以这件作品又叫做"克尼德斯的阿佛洛狄忒"。正因为有了这个相似之处，很多人断言她的创作者就是普拉克西德雷斯。但是也有相当一部分人认为如此优美的作品应该是公元前5世纪古希腊更伟大的雕塑家菲底亚斯或菲底亚斯学生的作品，因为作品的风格属于这个时代。时至今日，比较盛行的看法认为这是一件晚至公元前1世纪希腊化时期的作品。还有另一种看法认为这只是一件复制品，是仿制公元前4世纪某件原作的复制品，原件已经消失了。

总之，对此说法甚多，众说纷纭。

二、"维纳斯""断臂"之谜

人们曾经在发现石像的同一座洞穴里找到过一些臂与手的残碎石片。但这些究竟是不是这座雕像的手和臂的残片呢？对此，有人认为是，有人认为不是。一些考古学家、艺术家曾经尝试着为女神像修复手臂。对于她原先的手臂形状与姿态是什么样子，人们又各持己见。德国考古学家福尔托温古拉设想，女神的左手向前伸，小臂搁在一根柱子上，并且她的手掌里握有个金苹果，右手下垂按住已坠落在下腹部的衣裙。还有一种较为流行的意见是：她左手前伸，握着一面盾牌，右手腾空略向下垂，但是并不按住衣服。人们甚至还按照自己的猜想去补塑"美神"的一双断臂。可是，安上手臂以后，总是令人感到不怎么自然、合理，也不够协调，没有断臂时那么美了。到目前为止，人们喜爱的还是这个断了臂的女神。"断臂"给这座雕塑笼罩上了一层神秘色彩，也更增添了她的残缺美。人们在发挥无穷的想象力试图去解开"断臂"之谜，也许这个谜永远都不会有确切的答案。

古希腊雕塑为何都是裸体

在欧洲文化发展史上，古希腊罗马时代是雕塑发展的第一个高峰期，而裸体雕塑似乎是这一时期创作的主流，几乎所有的雕塑作品都是裸体的女子和男子。人们在欣赏古希腊雕塑艺术时，不由对其裸体雕塑之风产生了好奇。同时这个问题曾困扰了几个世纪以来无数的智者、学者和专家、研究者，他们的观点又各不相同。时至今日，这种争论仍在继续：一种说法认为古希腊的裸体艺术来源于原始社会的裸体风俗。农业社会之前的原始人，特别突出对男、女外生殖器的表达。原始人把性看做是大自然赐予的生命与欢乐的源泉，他们都以性为美，以裸体为美。到了古希腊罗马时代，裸体艺术则达到了个高潮，

△ 古希腊雕塑

著名的断臂维纳斯雕塑就是杰作之一；另一种说法认为古希腊人雕塑采取裸体的形式，是与当时战争的频繁与体育的盛行分不开的。在古希腊人眼中，理想的人应是血统好、发育好、比例匀称、身手矫健、擅长各种运动的裸体男女。基于这种思想，裸体雕塑自然而然地成了当时的主流艺术。从艺术规律来看，作为三维空间艺术的雕塑，其最理想的模特儿应是运动场上的优胜

△ 古希腊雕塑

者和那些健壮美丽的肌体。

美国著名学者伯恩斯教授、拉尔夫教授则认为希腊的裸体艺术和他们的审美观念有关，这种突出表现人体艺术的美术作品具有特殊的审美价值。在古希腊人的观念里，人是最美丽的，于是才会在竞技场中出现欢呼雀跃的裸体群。近几年来，中国一些学者对上述观点提出了挑战。潘绥铭等人认为希腊裸体雕塑是当时性快乐主义风尚的产物。他认为："人类裸体有三种性的特征。第一性征是男、女外生殖器的不同形状，是由动物继承而来。第二性征是男、女体型和体表的不同。第三性征是两性的心理、气质、风度和行为的不同，是社会文化的产物。古代希腊罗马奠定了西方文化中裸体美的基本模式，并为我国当代艺术界接受。它既非源于裸体风俗，也非来自赤身裸体的体育活动，而是当时性快乐主义风尚的产物。它在保留第一性征的基础上，强调第二和第三性征。"那么为什么古希腊雕塑都是裸体呢？目前的研究还没有定论，人们也无从去判断专家的观点孰是孰非。但愿能有更多的人去从事这项研究，早日找到这种雕塑主流的原因。

马可·波罗中国行之谜

马可·波罗是与元代同时期的人，每个中国人对他都十分熟悉，他的《马可波罗游记》脍炙人口，可是有人却怀疑他是否到过中国。

1982年4月14日，英国《泰晤士报》登载了一篇《马可波罗到过中国没有？》的文章，作者克雷格·格鲁纳斯对马可波罗到过中国表示怀疑，认为这位旅行家只到过中亚的伊斯兰教国家，《马可·波罗游记》中关于中国的记载，只是他在和曾到过中国的波斯商人或土耳其人的交谈中道听途说得来的，不能作为他到过中国的证明。文章的作者还列出了自己的一些根据：

△ 马可·波罗

一是在中国浩如烟海的史料中，找不到关于马可·波罗的材料；二是游记中对中国事物的记载不详细不准确；三是对中国最具特色的文化产物茶和汉字书中从未提到，特别是中国的印刷术也未列入书内；四是把中国的许多地名用波斯叫法称呼。

其实，对马可·波罗是否到过中国的争论从《马可·波罗游记》一问世就开始了。1829年，德国学者徐尔曼不仅否定书的真实性，也否定马可·波罗曾到过中国。1965年，德国史学家福赫伯宣称，马可·波罗是否到过中国，这是一个尚未解决的问题。

马可波罗是否到过中国？对此中外学者多数持肯定态度，尽管他们也承认书中有不实之词，但对马可·波罗曾到过中国一事坚信不疑。马可·波罗从1275年旅居中国，长达17年之久，足迹遍及我国北方、南方和西南西藏等地，并到达东南亚的许多国家访问过。马可·波罗回国后，经他口述、由比萨作家鲁思弟记录的《马可·波罗游记》成为西方第一部详细介绍中国情况的著作，被称作风行于世的世界奇书。书中记载的元大都

△ 马可·波罗游记

的情况和历史上的元大都比较吻合，这也可以作为马可·波罗曾到过中国的佐证。

我国学者杨志玖根据《永乐大典》一个奏折中所述史实同《马可·波罗游记》中记载符合，确认马可·波罗一行于1291年离开中国，这一发现得到了中外学者的推崇和高度评价，被誉为判定马可·波罗到过中国的"极可靠的证据"。从上面的论述可以看到，认为马可·波罗曾到过中国的人占多数，但也有人表示怀疑，结论只有等待更多、更有力的史料的发现做出。

世界最大地球仪的不解之谜

现存于圣彼得堡罗蒙诺索夫博物馆塔楼里的戈托普大地球仪，一直被世人誉为珍奇的艺术品。当年它被陈列在夏宫御花园里，成为彼得大帝引以为豪的3件瑰宝之一。

它集地球仪与天象馆于一体（球的外表为地球仪，球的内里则为一小型天象馆），既是迄今为止世界上最大的地球仪（直径301米，表面积达30多平方米），又是世界上最早的天象馆之一（建于1664年）。其设计之精巧、历史之曲折离奇，也为世间所罕见。

托普地球仪在其存在的三个半世纪里谱写了一部真正的传奇史。这个地球仪是17世纪中叶在德意志北部荷尔施泰因公国戈托普城堡制造的。后来它引起了彼得大帝的注意，两度被运到圣彼得堡。

第一次是1713年，荷尔施泰因家族将它作为礼物赠送给彼得大帝（也有另一种说法，即它是作为战利品被俄罗斯夺得的。对于这一个问题史学家们至今仍争论不休，没有一致的结论）。第二次是在1947年，它又被从德国运回了俄罗斯。

第二次世界大战期间，希特勒亲自下令建立的专事掠夺世界艺术珍品的所谓艺术保护队，把戈托普地球仪从俄罗斯强行掠回德国。

在圣彼得堡，戈托普地球仪也曾不止一次被从一座大楼转移到另一座大楼，更换陈列的地方。而在1747年，即建造后将近100年时，它甚至因遭一场灾难而毁于一旦，尔后经过将近3年的努力才把它重新恢复起来。戈托普大地球仪集地球仪与天象馆于一体，这种独具匠心的设计思想究竟是由谁提出来的，或者说这个大地球仪究竟是由谁发明的，至今仍是一个不解之谜。

有资料称，荷尔斯泰因公爵腓特烈三世曾下令按他本人的构想制造地球仪，而且似乎还画出了草图。但历史学家们更倾向于认为，那只是单纯地制造大型地球仪而已。关键是至今仍不清楚：究竟是谁建议在地球仪里面设小型天象馆并提供使地球仪转动起来的设计的？这位聪明的设计家师效法古人从古已有之的水轮磨坊得到启发，为地球仪安了一个水力发动装置，使球体能绕着轴心转动，每转一圈恰好24小时。

此外，设计者还要解决地球仪里的天象馆容纳12个人活动的载荷问题。参观者可以坐在那里，用手转动天球仪，观察人工天球的运动。

地球仪内天象馆的穹顶上布置的天象图，一如地上的观察者仰望天空时之所见。不言而喻，这样一来，地球成了宇宙的中心，而太阳、其他行星以及整个天穹似乎都在围绕地球转动，这就与自托勒密（90～168年，古希腊天文学家、地理学家）时代以来一直在中世纪欧洲占据统治地位的地心说相一致。但在制造戈托普地球仪时，哥白尼的日心说已经在世界上确立了自己的地位。为了表现天象馆的天穹旋转时太阳的运动，匠师们在球体内特制的托臂上安上一个用精致的玻璃网球做成的"太阳"，它可以借助于一个特殊的机械装置沿黄道作周年运动。

令人遗憾的是，至今尚未找到今天我们所称的技术文件一类的东西——草图或图纸、工艺技术说明等。或许这些东西压根儿就不曾有过，整个制作过程只是一种即兴式的工作，碰到什么问题就解决什么问题。

地球仪的金属骨架呈网格状，网格内镶入木框，然后整个骨架用铜板覆盖加固，最后再贴上厚实的亚麻布（外两层，内一层）。地球仪的转动轴是一根4米长的实心锻铁圆柱。在这根轴上旋转的不仅有地球仪本身及其内里天象馆的设施，还有球体外的一条子午线（木质材料制成的一个巨大的圆圈，外面包裹着一层铜片），总重量达3.5吨！

另外一个谜团是有关地图标示方面的。

在地球仪上绘制的俄罗斯地图上，出现了一个用深色线条画出的从西边的雷韦尔（今爱沙尼亚首都塔林的旧称）和里加到东边的泰梅尔半岛（亚洲最北端的半岛）及南边的波洛茨克和雅罗斯拉夫尔的一个区域，而莫斯科位于这一区域之外。也就是说，俄罗斯这个国家好像被划分成了两半。令人百

△ 1964年世博遗址——世界上最大的地球仪

思不得其解的是，究竟是什么动机驱使地图绘制者这样做的；其次，当时一些赫赫有名的国家如瑞士联邦，在地球仪上竟然没有绘出，而德意志和意大利则居然被标示为两个统一的国家了（其实，当时在名义上它们仍属于所谓的神圣罗马帝国）。

在地球仪上没有任何假设性的陆地和岛屿，而且也很少标注城市名。如在偌大一个法国只标了巴黎、里昂和马赛，而在德意志则更少，只有柏林和慕尼黑。其他大区的情况也相似。究其原因，可能是地图制作者认为：参观者一般离地球仪较远，不可能看清上面所有的地名，重要的只是让他们欣赏地球仪；况且，恐怕也不会有人真想利用这个地球仪来研究地理学。

虽然对这架世界上最大的地球仪有不少假说，但都没能取得科学的论证。看来，还需要一定的时间才能解开这些谜团。

舒伯特为何终身未婚

　　舒伯特于1797年1月31日出生在维也纳，他的父亲是小学校长，因为他从小就学习钢琴及小提琴，11岁时就进入皇家学院攻读音乐并担任了合唱团的高音部成员，到他16岁时，因为变声不能再演唱童声高音才离开那里。此后他在他父亲的学校里担任音乐教师，并在此期间创作了不少杰作，包括《F大调弥撒曲》、《魔王》、《野玫瑰》等，但是由于没有任何经济支持，所以尽管他才华横溢却一贫如洗。1828年，他去世于维也纳，享年才31岁。可是这么短暂的时间里，他创作了一千两百多首音乐作品，其中650首是歌曲，因此被世人誉为"歌曲之王"。

　　有人说，舒伯特之所以早逝：一是因为贫穷的生活损害了他的健康；二是因为失败的爱情让他对人生失望，从而失去了继续生存的欲望。

　　舒伯特的爱情是这样的：在朋友的帮助下，舒伯特得以参加宫廷乐队，在一次演奏会上，舒伯特的才能受到注意，并与贵族之女特丽莎一见钟情。后来舒伯特在乡村音乐会上又与特丽莎重逢，两人都表露了爱意。爱情给了他灵感，他创作了许多乐曲，但是两人的事情遭到了特丽莎哥哥的强烈反对。为了让舒伯特成名以获得哥哥的支持，特丽莎设法将舒伯特的作品推荐给宫廷乐谱总管，但是宫廷不认同这种自由的音乐，于是被冷漠地拒绝了。之后舒伯特外出巡回演奏，等他回来后，特丽莎已作他人妇。当舒伯特万念俱灰之时，贝多芬注意到他的音乐天才并愿意资助他，但等到舒伯特去见贝多芬时，不幸贝多芬已病逝。此后舒伯特的健康状况持续恶化。可以这么说，舒伯特因爱情而获得了不竭的创作灵感，但没有结果的爱情又使他陷入了极度的忧伤和失望之中，以至于才30岁便在疾病的摧残中悲惨死去。

　　可是以舒伯特的才华，难道就不能再次点燃爱情之火，获得新生吗？何以直到最后死去，他都孑然一人呢？

有人说，他不恋爱不结婚和他一生穷困潦倒有莫大关系。在他那个时代，专门作曲而不演奏的人几乎难以糊口，他的音乐作品，比如今我们的小说稿费还要低，著名的《摇篮曲》的报酬是一盘烤土豆。可是在他死后人们发现了舒伯特的价值，这个曲子竟以4万法郎成交，倘若是手稿在今天的拍卖会上，恐怕还要高出百倍。可是在舒伯特活着的时候，他是真的相当贫困，所以没有办法来考虑结婚的事情。哪个家庭愿意把女儿嫁给他受罪呢？特丽莎的事就说明了这个道理。

还有人把不结婚归结为舒伯特的相貌。确实，舒伯特其貌不扬：身材矮小、皮肤黝黑、大腹便便、脑门硕大，嘴唇极厚，人们曾挖苦他，说他是"蘑菇"。这样的相貌，也实在是不容易引起女孩子的好感。但是，男子的相貌相对于他的才华而言，并不占主要地位。中外历史上丑男配俊女之事，也并不是什么稀奇之事，更何况有如此浪漫气质的舒伯特，怎么可能没有女性爱慕呢？

另外，舒伯特的研究者认为，最有可能的原因是他受了贝多芬的影响，所以抱定了独身主义。舒伯特一生极为崇拜贝多芬，在他的心里，贝多芬像神一样，他说："有时候我也做过梦，但是在贝多芬死后，谁还能做什么呢？"他死后唯一的遗愿是与贝多芬埋葬在一起，直到1888年，他的愿望终于得以实现。由于贝多芬一生未婚，于是极力崇拜贝多芬的舒伯特就把对女性的兴趣转移到音乐上去了。

舒伯特何以终身未婚？人们的猜测还有很多很多，这里就不一一赘述，我们讨论这个问题的目的，只是在感慨舒伯特身世的同时，来纪念这位伟大的音乐家。

高尔基的去世之谜

一代文豪、被列宁称之为"无产阶级艺术的最杰出代表"的高尔基病危时，苏联政府每天向全国人民发布病情公告。高尔基年轻时即患有肺结核病，以后时好时坏，到了晚年肺结核病已十分严重，他的肺只有1/3还有机能，同时患有老年性心脏病。斯大林下令不惜一切代价抢救，但未能挽救高尔基的生命。高尔基在1936年与世长辞。这位社会主义文学巨匠和奠基人，终于永远地搁下了他手中紧握的武器。

△ 高尔基

高尔基病逝不久，苏联政府突然宣布高尔基系被无产阶级的敌人谋杀而死。1938年3月，苏联政府在莫斯科对"右派和托洛茨基派反苏维埃联盟"进行了公开审判，谋害高尔基案是审判的内容之一。

在法庭上，站在被告席上的共产国际执行委员、苏共中央政治局委员布哈林供认"联盟的联合中心内属于托派的那些人建议组织一次反对高尔基的敌对行动，因为他是斯大林政策的支持者"。布哈林解释说，不排除要从肉体上消灭高尔基的可能性。内务人民委员雅戈达供认了谋杀高尔基的动机。他说，高尔基一直是斯大林路线的热情支持者和拥护者。托派要推翻斯大林政权，不能忽视高尔基在国内外的威望。高尔基既然不能脱离斯大林，那么"联盟"只好干掉他。

雅戈达供称，托洛茨基在1934年7月即指示"必须不惜一切代价地从肉体上消灭高尔基"，并委托他具体执行。雅戈达网罗了高尔基的秘书克留奇科夫、家庭医生列文、著名医学教授普列特涅夫等实施谋杀计划。雅戈达指示他们，要让被禁止喝酒的高尔基尽量多喝酒，要让高尔基经常伤风感冒。1934年5月2日，高尔基患了肺炎，克留奇科夫伙同列文、普列特涅夫先让高尔基喝了香槟酒，然后给他服泻药，使高尔基一病不起，从而加速了他的死亡。

站在被告席上的19名被告因为被指控犯有推翻苏维埃的重大罪行，除普列特涅夫被判处25年徒刑外，其余嫌疑人均被宣告处以死刑。

被告的肉体被消灭了，他们留下的供词可靠吗？苏联不少学者认为不可靠。布哈林在被捕后曾遭受酷刑拷问，但他拒绝认罪。内务部的审讯人员恫吓他说，如果他拒不认罪，他妻子和儿子的生命将受到威胁；反之，如果他协助党把问题弄清楚，他的家属可不受株连，他本人也可从宽处理。布哈林终于屈服了，于是供认了种种犯罪事实。

内务人民委员雅戈达在受公开审判时说，谋害高尔基是政治目的。可是在一次未公开的审判中，他又说他谋害高尔基是属于情杀，因为他与高尔基妻子的关系暧昧。

布哈林在恫吓下承认罪行，雅戈达的供词前后不一，种种疑问，使人们至今未能解开高尔基去世之谜。

旧谜未解，新谜又结。近年来，一种新的说法是：高尔基之死与斯大林有关。

1928年，高尔基由意大利返回莫斯科。这时的苏联由斯大林当政。斯大林希望在政治上得到蜚声海内外的高尔基的支持。

在斯大林的授意下，内务部拨给高尔基两幢别墅。当高尔基想要了解人民生活时，内务部就安排他到指定的工厂和集体农庄与工人、农民座谈。高尔基身边的工作人员也经常在他面前歌颂斯大林的英明领导。

高尔基渐渐被与世隔绝了。但是作家敏锐的目光通过普通老百姓的脸透视了这个国家所发生的一切，他渴望自由地呼吸，然而四周都是高墙。高尔基始终在精神苦闷时常常自言自语："他们包围了我，封锁了我……我简直要烦死了。"

斯大林试图让雅戈达说服高尔基，希望作家写一部《斯大林传》，描绘列宁与斯大林的亲密关系。斯大林甚至提议让高尔基担任文教人民委员的职务，高尔基谢绝了。随着时间的流逝，高尔基也没有动手写《斯大林传》。莫斯科的"高尔基热"开始渐渐降温了。

1934年，为了纪念一年一度的十月革命纪念日，雅戈达奉命转告高尔基，让他为《真理报》写一篇题为《列宁和斯大林》的文章，可是高尔基竟出人意料地拒绝了。

应苏联党内反对派首领加米涅夫之请求，高尔基安排了加米涅夫与斯大林的一次会见。想不到这是斯大林与高尔基关系破裂的开始。加米涅夫被捕以后，斯大林怀疑高尔基属于加米涅夫一伙，指示《真理报》公开发表指责高尔基的文章。高尔基从此受到了严密的监视。

1936年6月，高尔基病重期间，斯大林设法弄到了高尔基与海外的通信及札记、随笔等，通过分析，斯大林了解到高尔基对苏联文化政策的看法和思考。斯大林对高尔基的敌意又加深了，终于对他采取了极端的措施。

在高尔基病重期间，有人给高尔基送了一盒精美的糖果。高尔基把它放在床头柜上，经常请来访的客人品尝。有一天，高尔基打开糖盒，请照料他的两个卫生员吃糖，他自己也吃了几块。一个小时以后，这3个人的胃部疼痛难忍。再过一个小时，3个人不治身亡。

这盒糖是谁送的呢，为什么来访的客人吃了没事呢？不得而知。

有人对"糖盒事件"不屑一顾，认为是虚构的故事。高尔基晚年的好友伊萨克·巴别尔在高尔基病危期间经常到医院去探视，他说高尔基因病去世很正常，所谓谋杀高尔基的说法纯属"胡说八道"。

柴可夫斯基死因之谜

　　1893年10月27日，圣彼得堡皇家歌剧院座无虚席，俄罗斯最伟大的作曲家柴可夫斯基正在指挥他的新作《悲怆交响曲》。第一乐章那缓慢、阴沉的引子和充满沉思和叹息的音调，立刻就把听众深深地征服了：这是饱尝人世辛酸、临近人生终点的主人公的内心独白。理想与现实的矛盾、冲突，对幸福的渴望、追求，希望的彻底破灭，死亡的悲惨结局——这一切表现得如此强烈、惊心动魄。但死亡是无情的，它夺去了生命，埋葬了一切美好的希望。乐章最后结束在冰冷的死寂中。

　　11月1日，柴可夫斯基与圣彼得堡音乐学院的大师们同去亚历山大斯基剧场看了奥斯特罗夫斯基的喜剧《火热的心》，沿途接受了观众的致意——这些观众正在翘首盼望《悲怆交响曲》的第二次演出，该场演出原定在11月18日。十分不幸的是，第二天便传出了柴可夫斯基病倒的消息。

　　11月6日凌晨3时，柴可夫斯基因患霍乱与世长辞。他的逝世引起了巨大的震动，圣彼得堡有成千上万的人为他送葬，他同格林卡、穆索尔斯基、包罗丁等音乐家安息在同一块墓地中。

　　柴可夫斯基逝世12天后，《悲怆交响曲》按原定计划照常演出，柴可夫斯基的好友代作者指挥了这部作品。并演出获得了巨大成功，人们立即就把这部作品和柴可夫斯基之死联系了起来，认为柴可夫斯基在歌颂死亡，《悲怆交响曲》是作曲家为自己写的挽歌。

　　1993年11月6日，是柴可夫斯基逝世100周年纪念日。世界各地的音乐界人士早就开始忙于准备举行各种演出和纪念活动。与此同时，有关柴可夫斯基的死因之争也在有关学者中热烈地进行。

　　一种说法认为，柴可夫斯基可能是个同性恋者，并因此遭到私人法庭的

"荣誉审判"，后来服砒自尽。以戴维·布劳恩为代表的学者们还以此说为据，撰写了一部纪念柴可夫斯基逝世100周年的传记。

另一种说法认为，柴可夫斯基是喝了受污染的水，因而得霍乱医治无效而去世。这种说法的主要代表是当今俄罗斯著名社会历史学家亚历山大·波兹南斯基，他们也出版了作曲家的新传记。

尽管人们在柴可夫斯基的死因上存在很大争议，但又都有相同的看法：柴可夫斯基生前的生活确实充满了坎坷、忧伤，这与他的去世不可能没有关系。

据说，这位浪漫派作曲家从小就十分挚爱和崇拜他的母亲，但他14岁时就失去了母亲。多少年过去以后，他仍然没有能从丧母的打击中恢复过来，心灵的伤痛始终没有愈合。

柴可夫斯基早年曾是一名普通的办事员，经过多年的努力，他凭着自己的天赋和奋斗成为一名专业作曲家。可就在这以后不久，他同一位意大利女歌剧演员的热恋以失败告终，这一打击简直使他的精神达到了崩溃的边缘。

有资料表明"为了社交礼仪的需要"，他开始寻找"夫人"了。遗憾的是他又找错了人。这位"对象"是他从前的学生，名叫安东妮娜·朱琳柯娃。姑娘真心迷恋于他，可他并没真心地爱她。为此，他很苦恼和痛苦。在他俩一起乘坐火车从莫斯科到圣彼得堡去度蜜月的途中，他竟假造了一份要她速回莫斯科的电报。这以后两人的关系便开始紧张，以致破裂。据有关资料记载，他曾因精神痛苦几次试图自杀，其中一次，他站到齐腰深的莫斯科河水中，试图让自己患上肺炎之类的重病……

在纪念柴可夫斯基逝世100周年之际，人们又争论起了关于这位大师死因的话题。在这热烈的争论中，持"自杀"论者似乎要多一些。眼下，争论仍在继续。

贝多芬的耳聋和死亡之谜

1827年3月26日下午5时30分，一代音乐大师贝多芬最终被病魔交响曲所淹没，在维也纳"黑西班牙人"公寓与世长辞。

贝多芬一生与病痛为伴，特别是在他32岁时耳聋加剧，这对当时正步入创作成熟期的贝多芬来说打击特别沉重。他的性格开始变得更加暴躁、孤僻，并因绝望而企图自杀。

导致贝多芬耳聋的病因是什么呢？世界上有关音乐大师耳聋的病因文献极多，但都缺乏权威的说服力。当时，维也纳病理博物院乔安华格纳医师被请来主持对贝多芬的尸体进行病理解剖工作，可惜的是乔安华格纳的解剖报告只提供了死者死后的耳疾情况。于是，有人便从他早年的疾病中去寻找线索。

在1779年夏天，贝多芬曾经患了严重的下痢，时好时坏，前后拖了6年之久。现在推测起来，可能是得了伤寒。伤寒属于热病的一种，在许多贝多芬的传记中，都描写其脸上有许多凹凸不平的小疤痕，或许他在孩童时代曾得过天花，这些都有可能造成耳聋。有人指出，贝多芬在听力衰退的22年里，曾使用了各种工具来帮助听力，有时还使用一支木质鼓槌，一端咬在上下牙缝之间，另一端则附在钢琴上，这样声音的振动可沿着鼓槌而到牙齿再经头骨传入耳内，可见贝多芬耳部负责传导声音功能的一些器官也有病变。

英国尤维尔区医院风湿科顾问医师、业余大提琴手帕尔福曼在清理和研究了贝多芬的私人信件、尸体解剖报告后认为"作曲家的胸腔感染、严重背痛和关节痛最后导致了贝多芬的耳聋"。他说：这种耳聋的最严重病症可以说是由肺结核引起的。当贝多芬16岁时，结核病夺去了他母亲的生命。贝多芬20多岁时开始逐渐失去听力，后来的20多年里他完全丧失了听力，还忍受着腹泻、水肿、痢疾和痛风等病痛。

关于贝多芬死亡的原因人们普遍认为，这位作曲家的死是由严重酗酒引起肝病所致，他是在55岁的时候发现得了置他于死地的严重肝病。但帕尔福曼对这种看法提出了异议。他根据自己新的研究成果提出：折磨了这位作曲家20多年的许多病痛是由一种少见的风湿病引起的。这种风湿病慢慢侵袭着身体，使身体的每个器官发炎。贝多芬的病痛如此剧烈以至于他禁不住要自杀。最后，贝多芬被这种风湿病折磨致死。他同时指出，一种简单的现代药物本来可以治好使贝多芬耳聋的疾病，如果用现代的类固醇给他治疗和给他做肝脏移植手术，可以使贝多芬活许多年，让他完成"丢失"的第十交响曲。

或许是抱着"十全十美"的想法吧，人们一直猜测：贝多芬是不是还创作了《第十交响乐》呢？著名作家罗曼·罗兰在《贝多芬传》中就有这样的记述：1824年，贝多芬在写给苏脱兄弟的信中说"艺术之神还不愿死亡把我带走，因为我还负欠甚多。在我出发去天国之前，必得把精灵启示要我完成的东西留给后人，我觉得我才开始写了几个音符"。有人怀疑，这几个音符就是《第十交响乐》的开始部分。又有人发现他在1827年写给秘书的信中说："初稿全部完成的一部交响乐和一支前奏曲放在我的书桌上。"可惜人们并没有找到这个"手稿"。

"不朽的爱人"是谁？贝多芬死后，人们在他的写字台抽屉中发现了3封情书，写得像他的音乐一样富有朝气和激情。其中一封信上写着"致不朽的爱人"。这封信一开始就炽烈如火："我的天使，我的一切，我的我。"信中到处充斥着令人热血澎湃的话语，现摘一段如下：

"人所钟爱的，为什么必须远远地分离？而我现在的生活却又为何充满了烦恼？你的爱情使我欢乐，同时又让我苦不堪言.在我这样的年纪上，需要的是一种整齐美满的生活，这一点能够在我们的关系中确立吗？天使啊，我刚刚打听到邮差每天都要出发，所以我必到此结束，以使你确实迅速收到这封信，请你安静些——你要爱我——今天——昨天——我因思念你而不觉泪如雨下——你——是我的生命——是我的一切——祝你安好。啊，你要继续爱我——永远不要误解你的爱人最忠实的心。"

贝多芬的一生拥有浪漫的爱情，他凭着过人的音乐天才和气质到处赢得女人的芳心。专家们一致认定这封信是写给贝多芬最爱的女士的，只是由于种种原因，信并没有寄出去。有人认为这个神秘爱人是曾和贝多芬有过初恋的意大利歌唱家朱丽叶·吉采尔；有人认为是和贝多芬热恋过的表姐约瑟芬，甚至有这样一种说法，1813年约瑟芬生下的幼女米莎娃就是贝多芬的私生女，还有人认为是贝多芬的红粉

△ 贝多芬

知己特蕾莎，因为和3封情书藏在一起的，就有特蕾莎的肖像，并且在贝多芬晚年时，有人看着贝多芬抱着特蕾莎的肖像痛声哭泣。

最近几年来，有的研究专家还试图从贝多芬的家庭关系上来揭开作曲家的死亡之谜。我国学者赵鑫珊在《贝多芬之魂》一书中认为：贝多芬过早地离开人世，在很大程度上是由于忘恩负义的侄儿造成的。长期的烦扰大大损害了他的健康，给他的精神带来了莫大的痛苦。而他的侄子卡尔居然在别人面前管贝多芬叫"老傻瓜"，只要人家看到他同贝多芬这个"老傻瓜"在一起他就觉得丢脸。只要贝多芬对他严加管教，言语过重，这个无赖就会再度用自杀来威胁。但是尽管这样，贝多芬对他慈父般的爱还是有增无减，并且一再迁就他。1826年12月1日，卡尔不听贝多芬之劝，硬要去军队服役。贝多芬只好陪他上路。那天贝多芬衣着单薄，在旅途上得了严重的风寒，从此一病不起。据当年44岁的医学博士瓦鲁特的报告说，那晚贝多芬只好落脚在一个乡村客店里过夜，房子年久失修，破旧不堪，既没有炉子取暖也没有过冬的窗户。第二天将近中午，他开始发寒热，浑身不住地发抖。12月2日，当他

回到维也纳时，完全是个死去活来的老人。可卡尔获得伯父卧床不起的消息竟无动于衷，依然在咖啡馆里打弹子。严重的肺炎过后接着便是肝硬化，最后引起水肿。3月23日，贝多芬立下了仅一句话的遗嘱："无条件地将自己的一切留给我的侄子。"翌日早晨，人们为他举行了最后一次洗礼仪式。有的学者更加明确地说贝多芬实际上是被侄儿气死或逼死的，没有他，作曲家还可活上好多年。

或许，探究贝多芬耳聋和死亡的原因已显得并不那么重要。重要的是，他在病痛的折磨和与尘音隔绝的状态下，仍创作出了一曲曲世界名曲的精神，令人无限敬仰。他的"我要卡住命运的咽喉"这句名言，不知激励了多少后来人。

贝多芬是永存的。近年来随着科学家的不断努力，贝多芬死因这个百年谜团可望解开。加州圣荷西州立大学贝多芬中心表示，从贝多芬头盖骨检验证实，贝多芬受铅中毒之苦多年，初步认为他可能死于铅中毒的结论。

圣荷西贝多芬研究中心获得的贝多芬头盖骨包括2大片各长7公分，以及11小片，于1863年贝多芬遗体被重新挖出保存时取得。贝多芬在1827年过世，头盖骨因为死后解剖和腐烂碎成9大片和数小片，其中部分被人偷偷拿走交给维也纳医生塞里格曼，塞里格曼是考夫曼的曾叔公，头盖骨经过4代，1993年考夫曼从在法国去世的祖母处接收。

圣荷西大学表示，贝多芬的头盖骨原是由一名旧金山商人考夫曼所收藏，但他决定交给圣荷西大学进行研究，以确定贝多芬的真正死因。考夫曼说，"贝多芬会希望有一天能够解开他为何行为如此表现的原因"，他常常感到愤怒抑郁，这项发现有助于解答这个疑问。

美国科学家于1990年开始对贝多芬的一撮头发进行研究，称贝多芬头发的含铅量高于正常人的100倍，显示他生前受铅中毒之苦。而圣荷西这次的研究除了再度确认铅中毒之说，更发现贝多芬铅中毒至少有好几年时间。

两份研究中使用的头发和头盖骨都经过DNA鉴定，确认属于贝多芬。

学界还不了解贝多芬铅中毒的原因，不过圣荷西贝多芬研究中心主任梅瑞迪斯认为，一个原因可能是提供饮水的铅制管线让贝多芬喝下含铅的水。

牛顿曾精神失常之谜

伊萨克·牛顿，英国近代著名的物理学家、天文学家和近代力学的奠基人。18岁进入剑桥大学三一学院学习，开始了他的科学生涯，在浩瀚的知识海洋里，他显示出了惊人的禀赋。从此，他以超人的智慧和卓越的创造力，对人类世界的进步与文明做出了巨大的贡献。然而，在他从50岁到51岁时，却突然精神失常了一年。他的这一特殊经历，在以后的200多年里，引起了无数科学家的研究兴趣。

△ 牛顿

多数人认为，牛顿之所以突然精神失常是因为长期用脑过度，精力和体力都高度透支所致的观点是合乎科学逻辑的。观点的主要论据是牛顿的名著《自然哲学的数学原理》。

1687年7月，《原理》一书终于完成并发表。牛顿并未因此而放松自己，给自己一个假期休息，而是迅速转入了下一项工作进程，进行光学研究。长期投身于如此恶劣的工作生活状态，致使牛顿刚40出头就须发皆白了，同时也造成了他的植物神经系统严重紊乱最终导致精神失常。

持"外界刺激"观点的人则认为，在1691年至1692年之间，有两件重大的事情，对他的精神产生了极为不利的影响：第一件事情是他母亲的去世。牛顿在病榻之前，面对处于弥留状态的母亲却深感内疚，他觉得自己一生都没有取得荣华富贵的"成就"，因而也没能让母亲过上好日子。在处理完丧事后，他带着悲伤的心情回到了剑桥，并在此后相当长的一段时期内一直精神不振；另一件事是他的《光学》、《化学》等科学手稿的意外烧毁。《光学》是牛顿一生中仅次于《原理》的一部最重要著作，《化学》则是他耗费了一生中近1/4的时间辛勤研究的结晶，同样应该是一部科学巨著。在他母亲去世后回到剑桥大学不久的一个早晨，牛顿从教堂做完祷告回来后，发现已燃尽的蜡烛居然把他放在桌上的《光学》、《化学》以及其他一些论文稿都化为灰烬了。当时他濒临崩溃边缘，接下来的日子，他没日没夜地重新整理《光学》书稿。而对于《化学》，直到他死也没有精力再次整理，这成了他一生中一个无法弥补的遗憾。

另外，牛顿成名后在他47岁的时候，被选为英国国会议员，新的身份为他展示了新的生活方式。他的交际范围除了以往单纯的学者和一些朋友外，也增添了一些上流社会人物，他们当中有王公贵族、皇亲国戚、政府要员等，各类性质的应酬也日渐增多。当时他的年薪为200磅，对于一个普通的百姓来说这已经是天文数字了，但要过上所谓的上流生活显然还很不够。牛顿曾积极地寻求更高薪酬的工作未果，也使他在心理上产生了郁闷，久久无法排解。这种忧郁日积月累，加上母亲的去世和手稿的烧毁，诱发他精神突然失常。

而有关汞中毒的观点，则是一种比较新的观点。有两位研究牛顿生平的学者，利用现代中子活化、中子衍射等先进手段，对牛顿的头发进行了测试分析。研究中他们发现牛顿头发中汞的含量非常高，高得令人难以相信，其他一些有毒的微量元素含量也很高。他们由此断定牛顿的精神失常是由于长期接触汞以致汞中毒所致。而牛顿的身体里之所以能吸收这么多的有毒元素，是因为他在物理化学实验中长期浸淫在有毒金属蒸汽中的缘故。

牛顿曾经精神失常，无论是何种原因所致，我们都对这位毕生致力于科学研究的伟大科学家致以最崇高的敬意。

耶稣是人还是神

　　基督教自创立至今已有2000多年的历史了，它与佛教、伊斯兰教并称为世界三大宗教。作为基督教的创始人，耶稣是否确有其人其事，诸家看法不一，论点各异。

　　持肯定观点的人认为，这位被现今数以亿计基督教徒信奉的"救世主"耶稣是一位凡人，而不是神明。基督教是公元前1世纪时，由一位生长在巴勒斯坦的拿撒勒族人耶稣创立的。他本人也被后来基督徒奉为"上帝"，尊称为"基督"。

　　耶稣的家坐落在巴勒斯坦北部伯利恒地区的拿撒勒小镇。他出生于公元前1世纪初期，父亲约瑟是一个木匠，母亲名叫玛利亚，耶稣是他们的长子，下面还有3个弟妹。耶稣自幼没有受过传统的正规教育，社会是少年耶稣的主要课堂。他虔诚的父母每年去宗教圣地耶路撒冷诵经朝拜，都少不了让耶稣一路同行，耳濡目染，耶稣从这里了解了巴勒斯坦和外部世界的情况，获得了丰富的知识。

　　著名的犹太历史学家约瑟弗斯在《犹太人的古代实际》一书中称赞耶稣"是一个全心信奉真理，有智慧神迹的人"。后来，耶稣召集

△ 耶稣

了12个门徒，云游四方，奔波传教于巴勒斯坦各地。耶稣在下层劳动人民中宣扬"天道"，号召民众把巴勒斯坦从罗马帝国的统治下解放出来，重建繁荣昌盛的希伯来大卫王国。"叫有权柄的失位，让自卑者高升；叫饥饿的饱食，让富足的空手；凡自高的必降为卑，凡自卑的必升高。"在犹太人民的心目中，耶稣既是先知先觉的圣人，又是大卫王国的皇位继承人。根据记载耶稣生平事迹的《四福音书》，耶稣及其门徒的布道说教反映了当时下层人民的苦难，激励起了人们的斗争意志，指出了人民奋斗的方向和目标是建立"天国"，他给广大群众带来了福音，掀起了一阵又一阵的群众抗议活动。耶稣的一系列活动，遭到犹太当权者的肆意抵制和破坏，他自己也最终被捕，并被钉死在耶路撒冷东郊橄榄山的十字架上。

持否定观点的学者提出：耶稣在历史上并无其人其事，而是一个人为的"救世主"，耶稣只是基督教会塑造出来的"一个没有生命的偶像"而已。不是耶稣创建了基督教，而是基督徒们臆造了"神明的耶稣"。

多年来的科学研究成果表明，《圣经》中关于耶稣的传说多半属于虚构，迄今发现的所有历史资料都难以证明耶稣是一个真实的历史人物。在耶稣创建基督教的时代，各种史籍著作很少提到耶稣本人的生平事迹和创建基督教的详细资料。同时，记载耶稣故事的各种福音书是在基督教产生以后很久才陆续问世的。由于宗派斗争的需要，各教派纷纷根据各自的需要来编写福音书，按照各自的教派观点来描绘"救世主"耶稣的形象。所以，《路家福音》中的耶稣家谱同《马太福音》中的耶稣家谱大不一样，即使在同一本《马太福音》之中，关于耶稣的描写也是前后矛盾的，一会儿说耶稣是上帝耶和华的独生子，一会儿又说耶稣是大卫的子孙，足可见耶稣

是一位基督教人为描绘出来的"神明的救世主"，在《新约全书》中，作者描绘的耶稣更是一位"天神"的形象，而与有血有肉的历史人物毫不相干。

学者们还进而提出：耶稣创立基督教的结论也是不能成立的。基督教并不是耶稣独创的，它是犹太教的一个分支。"耶稣"是犹太人中一个非常普通的名词，原意是"上帝耶和华拯救"，而"基督"则是"救世主"的希腊文音译，它们两者是同一意义的宗教用语。萌芽时期的基督教是社会下层平民狂热宣扬"天国"和"救世主"的群众布道活动，人们殷切盼望"救世主"能够从天而降来拯救苦难的民众。很显然，在这里人们把心目中幻想的神明的"救世主"赋以"耶稣"或者"基督"的称呼，是十分贴切自然的。至于每年12月25日的圣诞节，也并非耶稣降生的日子，而是上古以来犹太人为了在冬至日祝贺太阳复活而经常举行的祭祀太阳神生日的活动，基督教会只不过是把这个日子移植到神明的"耶稣"身上，久而久之成了基督教庆贺的"圣诞节"。从宗教发展的历史过程来看，"圣诞节"是基督教产生300多年后才由各地教会逐步确定下来的。

基督教本是犹太教的一个新宗派，最早的基督教徒大部分是犹太人，因而各类福音书的记载自然受到犹太教的影响。《马太福音》中把耶稣说成是犹太国的子孙，从而使这位神明的"救世主"具有合法的外衣。后来，随着基督教在世界各地的广泛传播，必须把耶稣说成是全世界各地民众的"救世主"。基督教既然已经接受了犹太教信奉上帝耶和华的"一神论"，所以基督教徒只得把耶稣说成是上帝耶和华的独生子。然而又产生了新的矛盾：广大教徒心目中的上帝是威严神圣而高尚纯洁的，不许与凡间女子生儿育女。于是，福音书的作者不得不绞尽脑汁编造出来"童女玛利亚尚未出嫁便受圣灵感应而怀孕"的说法。正如恩格斯所说的那样："既然福音书的全部内容几乎没有一件事情是历史事实，那就可以说明连耶稣在历史上是否实有其人也成问题。"

耶稣是人还是神？至今难以弄清。

《圣经》所载伊甸园中的蛇象征什么

《圣经·创世记》这样记述有关蛇的故事：耶和华所造的，唯有蛇比田野一切活物更狡猾。蛇对女人说："神岂会真说，不许你们吃园中所有树上的果子吗？"女人对蛇说："园中树上的果子我们都可以吃，唯有园当中那棵树上的果子，神曾说：'你们不可吃，也不可摸，免得你们死'。"蛇对女人说："你们不一定死，因为神知道，你们吃的日子眼睛就明亮了，你们便如神能知道善恶。"亚当、夏娃就是在蛇的引诱下吞吃了上帝的"禁果"。

民间传说中关于蛇的记载似乎与《圣经》中的有所不同，蛇是无足之爬行动物。在世界神话传说中，蛇有时是有益于人类的象征，有时又是具有魔力之生灵的象征。然而，根据美国著名神学家安东尼·麦卡坦特的见解，蛇经常与罪恶或恶魔相提并论。例如在《圣经·创世记》中，蛇被描绘得"比伊甸园中的其他任何动物都敏感"。在《圣经·旧约》中虽然并未把蛇与恶魔等而视之，但《圣经·新约》的作者却毫不犹豫地如此行文了。根据《圣经·民数记》记载，当犹太人遇到被蛇创造的瘟疫毁灭危险时，摩西在沙漠中创造了一条铜蛇，所有向铜蛇望上一眼的人都从蛇咬中毒中痊愈了。摩西创造的蛇的形象与古代萨莫利亚人举行宗教仪式时供奉的赐命神的形象相似。铜蛇似乎只是曾被利用过，因为人们被告知，它在以色列赫兹吉亚王朝期间（前717～前686年）被崇拜过，但被该国的国王给毁掉了，因为"以色列的儿子们还得为它烧香"，而这位国王称蛇为"奈胡詹"。耶稣说"摩西在荒野中拾起了蛇；既然如此，圣子，就更应拾起它：不管信仰它的是谁，都不会死亡，而且可以永生"时，他利用了蛇的形象。

不管美国神学家麦克坦特对伊甸园中蛇之罪恶的象征内涵的认识如何，

中国犹太文化研究学者顾骏却具有较多颇为新颖的观点：首先，正如所谓的上帝创造世界时，不仅赋予万物以实在的形体而且赋予它们以实在的运动规律一样，上帝所造之人也不得不循着上帝编排的程序在某一天开始违背上帝的意志。在这个过程中，伊甸园中的蛇只不过是一个起催化作用的媒介，就像春天里的一声惊雷，惊醒了蛰伏的百虫；看似雷的威力，其实首先是因为虫能够醒来，并且已处于复苏的过程中了；其次，蛇是上帝创造的魔鬼。这一观点似与前文叙述的美国学者麦卡坦特的相同，

△ 亚当和夏娃在伊甸园

但顾骏的解释却与前者大相径庭。在《圣经·新约》中有明确的解释，蛇原来就是魔鬼撒旦，上帝的对立面和老冤家。既然犹太教不主张二元论，那就只能承认撒旦也是上帝的创造之物，否则全知全能的上帝怎么会由着撒旦捣乱呢？第三，蛇是集权结构及其最高位置的化身。众所周知，随着人类社会生活的日益发展，不得不在某一点上，提出建立某种稳固的社会结构的要求。而在部落战争环境中，必然要求某种从未有过的权力集中。这种结构的诞生，既需要以集体智慧为摇篮又需要以集体智慧为坟墓；处于集权结构之顶峰那一个体必然是个智慧成熟的第一个人。在这一层意义上，集权结构及其最高位置才是真正的蛇；独裁权力的初次使用才是真正地品尝"禁果"。不过，顾骏关于蛇之代表集权结构和最高位置观点的解释并未到此为止，因为其确实是较新的见解。他认为，这一观点初看起来似乎与《圣经·创世

记》的记载有着离题万里之嫌。然而，只要人们回顾一下犹太历史就会看到，《圣经》，尤其《圣经》中的《列王纪》，它不但记录了诸王的业绩和暴政而且详细记载了犹太民族第一次因君王误国而导致圣殿被毁以及民族"被囚"的苦难历史。

初次的伤痛是最为彻骨的，它所激起的反思也是最为深刻的。这种深刻性所得出的结论构成了犹太《圣经》，即《旧约》全书的基调：人与上帝的对抗和人向上帝的复归。而其中最强的旋律，就是作为个体极端形式的君王与作为集体之一般代表的上帝之间的对立。倘若说在更具有神话色彩的《创世记》中，这一对立是以高度曲折的隐喻手法表达出来的，从而一方面使人们的解释有了更大的生发余地。另一方面也使这种解释更有可能被认为是牵强附会的话，那么在犹太民族议立第一个君王这一历史转折关头，上帝对立君王的反对、无奈和警告，最确凿无疑地表明了编著《圣经》时，犹太民族对王权这一必要之恶——蛇的智慧的应用。只要人们仔细读一读《圣经·创世记》就不难发现，蛇的智慧似乎高于上帝的智慧，蛇识破了上帝的伎俩：蛇知道，"你们不一定死……你们吃了果子眼睛就明亮了，你们便如神能知道善恶"。

智慧的高低之别，本在于谁能识破谁。神知道人，而蛇竟能知道神。神的智慧一旦被蛇识破就再也称不上智慧，只能称之为笑柄了。全能的上帝在蛇的面前仅仅成了被持有笑柄的上帝，如此尴尬的局面，远甚于亚当、夏娃的裸体相向。而在这种形势下，蛇所象征的集权结构和最高位置逞能了。"君王起来了。上帝退位了。洪水滔天了！方舟何在？重建圣殿。"

麦卡坦特和顾骏两位学者所阐述的关于伊甸园中蛇的象征意义谁是谁非，或者两者所解释的都是正确的，都是错误的？无论如何，这所有问题都需要我们进一步仔细研究。

孙悟空的"模特儿"来自印度吗

我国明代问世的著名神话小说《西游记》，前人曾有古今"第一奇书"之论。其中孙悟空这个极富英雄气概的浪漫艺术形象，人们历来在他的"血统"、"国籍"，亦即"模特儿"的问题上议论不止。原来，早在20世纪20年代就有人研究发现：印度古代叙事诗《罗摩衍那》中那个聪明会飞、不怕困难、智勇双全且乐于助人的"哈奴曼"神猴，很可能就是中国小说中"孙悟空"典型形象的"一个背影"。

据三国时代从印度译入的《六度集经》与南北朝期间输进的《出三藏纪要》、《杂宝藏经》等佛书印证，早在1000多年以前，印度神话传说中"人王与猴王共战邪龙"、"猴猿大闹天宫"的故事，就已在僧徒和民众间广为流传了。

自唐宋后，更因玄奘只身出走西域，取"丝绸之路"遍访天竺（印度）的真实经历被人们神异宣扬，口碑传闻，于是引来一位曾经"博及群书"而酷爱"野言稗史"的饱学之士加以佐撰，他就是"性敏多慧"的《西游记》作者"射阳山人"吴承恩。

不言而喻，这位杰出的文学大师在艰苦的艺术构思并搜集材料的再创造过程中，不仅认真参考研究了《大唐西域记》之类的文献名著，也必然

了解过五代宋元以来广泛流行于市井的《大唐三藏取经诗话》等"俗讲"宗教文学。这当中，他或许听过佛道友人为其转述的那些天竺"神猴法身"的奇闻故事。正如鲁迅先生《中国小说史略》所阐明的："魏晋以来，渐开释典，天竺故事亦流传世间，文人喜其颖异，于有意或无意中用之，遂蜕化为国有……"这便是孙悟空何以依据哈奴曼的由来之猜。

然而有人却认为在远古盛传的中国神话篇内，已早有禹的儿子启，是天地间裂石而生之人。又据《国语·鲁语》，也记载着"夔一足，越人谓之操，人面猴身能言"的野人逸事。此外又如《吴越春秋》、《搜神记》、唐宋传奇及后来的话本说唱，都不乏关于猴人、淮涡水神无支祁等白猿成精作怪的种种神异典故。

那么，如此众多的记述是否就能够完全地推卸掉"猴子的故事""引进"哈奴曼之嫌呢？其实也很难肯定。因为在中外古今文化与科技的研究实践业已表明，世界各民族之间的相互影响与往来交流是可能的，也是不断发展和变化的。这在今天若借鉴比较文学的观点来看，则孙悟空不仅可以"引进"，其实也早就"输出"去了。据最新的消息报告：人们在非洲西部偏远的尼日利亚进行考古挖掘时，竟然在深埋于地下3.5米的古代陵墓里，出土了一个威风凛凛的"齐天大圣——孙悟空"雕像。他头戴发光的皇冠，身披金箔制成的战袍，右脚踏着一块象征云雾的翡翠雕刻。碧玉猴王无论从衣饰和神态来看，都酷似我国传说中的美猴王孙悟空形象。

好奇者兴许会发问：孙悟空怎么会飞到遥远的非洲西部去了呢？有人据此猜想，它可能正是中国古代文化对外巨大影响的反映。也有人提出：这个"猴子的典型"，恐怕是中外文化所共有的"综合"形象。但更有人不置可否，孰是孰非，尚有待于学者、专家们做出进一步的探究与考证。

交际舞始于哪个国家

从历史上来看，自从有了人类，舞蹈就出现了。原始人所跳的舞蹈，是模拟动物动作和自然力而产生的，而且宗教性舞蹈最早以来便是人类历史的一个组成部分。交际舞则是一种纯娱乐性的舞蹈，不同于别的舞蹈。有史以来，人们为了社会交往而进行的各种聚会，经常选择交际舞、民间舞、集体舞等不同形式来联络感情、增进友谊、陶冶情操，这对于增进人们的身心健康、消除疲劳很有裨益，因而历来受到人们的喜爱。

令人惊讶的是，交际舞的历史其实很长，现在一般认为国际流行的交际舞是从欧洲民间舞发展起来的舞会舞蹈，16世纪后期成为普遍的社交舞蹈，主要有华尔兹、四步舞、探戈等。在以宫廷文化为中心的封建王朝，民间舞蹈的一支上升为宫廷舞蹈，作为臣僚们的教育和娱乐方式；而在以都市文化为中心的资本主义时代，民间舞蹈的另一支则变种成了交际舞，成为市民们的休闲娱乐活动。那么，交际舞是什么时候才真正出现的呢？世人对此的看法不尽相同，争议颇多：

一、交际舞始于古希腊时期。据考证，古希腊人很喜欢把跳舞作为一种社交性的娱乐。例如，亚里士多德认为交际舞是有益的，因为这种舞蹈反映出人们的举止和行为。苏格拉底和柏拉图都赞成跳舞，荷马对交际舞也有很高的评价。的确，希腊人喜欢在各种盛大宴会上和喜庆佳节里跳舞，舞蹈是他们生活中的一部分。

二、交际舞始于古罗马时期。有的学者认为：尽管古希腊人喜欢跳舞，但主要盛行于上层，那种跳舞的方式还算不上真正的交际舞，交际舞应该最早出现在古罗马时期。一个充分的理由是：那时的舞蹈（包括交际舞）在宫廷和民间都很流行，以至于在当时产生了两种截然不同的看法，有人赞之，也有人蔑之。一个典型的代表就是古罗马卓有成就的雄辩家西塞罗，他是这样反对舞蹈的："没有一个头脑清醒的人在他单独一人时，或处于一个合乎礼仪的社交界时会去跳舞，除非他的神经有毛病，因为跳舞是一种胡乱交际、放荡和奢侈的混合体。"

三、交际舞始于古埃及时期。有的学者认为，远在4000多年以前，古埃及人就把跳舞明确作为社交的一种艺术。在古埃及人的宴会上，舞蹈是供宾客消遣的。而从艺术史的角度看，非洲正是舞蹈的一个重要起源地，交际舞的主要形式探戈舞就是起源于非洲的；埃及是世界四大文明古国之一，说交际舞起源于埃及是可信的。

四、交际舞始于古代西班牙时期。根据史书记载，西班牙人跳交际舞的历史很长。

该国的舞蹈种类繁多，主要的有博雷罗舞、佛拉门哥舞、凡丹文舞、巴斯克舞、萨拉班德舞等。这些舞蹈，热烈鲜艳如烈火熊熊，奔放有力如海浪滔滔，有着激奋人心的节奏和旋律，有着端庄自傲和刚柔并蓄的美妙风姿，受到了世界各国人民的喜爱和欢迎，对交际舞的形成和发展作出了重大贡献。

五、交际舞始于16世纪法国亨利二世时期。据我们所知，真正开展交际舞的国家是法国。许多起源于其他国家的交际舞蹈，在法国都得到了充实和完善。法国亨利二世的王后凯瑟琳·德·梅迪奇（1519~1585年）是第一个倡导跳交际舞的人。她喜欢跳交际舞，结果这个嗜好从宫廷传到了民间。在凡尔赛宫，路易十四几乎把交际舞发展到了登峰造极的地步，优美的芭蕾舞也是在这时产生的。当时最著名的作曲家所作的曲子都是为这种舞蹈服务的。正是在这个意义上，人们才认为交际舞真正出现在16世纪的法国，从此以后交际舞才成为普遍的社交舞蹈。

六、交际舞始于20世纪这一时期。有的学者认为，现在人们所说的交际舞应该指的是新型的交际舞，多为男女对舞的舞会舞蹈形式。到了20世纪，欧洲传统的典型民间舞步如波尔卡、华尔兹、休提士之类被挖掘殆尽，之后应运而生的是美国黑人的爵士舞。从第一次世界大战时期的"却尔斯登"到第二次世界大战时期的"吉特巴"，再转入拉丁美洲的探戈、伦巴、桑巴、克里索……这些交际舞来源于舞台表演的美国黑人舞和拉丁美洲舞蹈跟当地音乐的结合。新型的交际舞虽发自美洲，却征服了欧洲并打入世界各地。因此，现在人们一般所指的国际流行交际舞应该出现在20世纪的美洲。

七、交际舞始于中国原始社会晚期。交际舞一般是指男女对舞的舞蹈形式。据此，近年来有些学者甚至认为中国原始社会晚期也出现了交际舞的形式，即根据史书记载，那时已出现了男女合跳或对跳的舞蹈，背景则是喜庆的社交场合。到了唐代，中国这种交际舞已发展为比较完整的打令舞。到了宋代，此舞虽然失传，但有些少数民族的交际舞却一直发展着，如宋朝瑶族的跳摇舞，清朝布朗族的圆圈舞等。这就是交际舞在中国的起源。可以说，中国也是交际舞的一个主要起源地。

古罗马风行角斗之谜

提起古代罗马社会，许多人首先想到的是角斗比赛。在当时社会中，城市里最高大的建筑是供角斗用的大竞技场，城市最盛大的集会是角斗赛会，皇帝和显贵炫耀权势和财富的最主要的方式是举办角斗竞赛，艺术作品中描绘最多的是角斗的场面，市民日常谈话中最流行的题材也是角斗表演。

罗马记载的首次角斗表演是公元前264年，在罗马广场，布鲁图兄弟在父亲的葬仪上组织了3对角斗士的格斗。从此以后，角斗的规模不断发展扩大，方式也屡屡翻新，特别是在罗马征服地中海地区成为庞大的帝国后，角斗之风更加盛行，在长达几个世纪里风行不衰。据记载，公元前65年，恺撒在为其父举行葬礼时安排了3320对角斗士和犯人，迫使他们同野兽搏斗。奥古斯都在位时举办的角斗，8个不同赛场上有50000对角斗士进行格斗。公元52年，皇帝克劳狄将19000名角斗士分成两支舰队，在罗马附近的一个湖面上展开战斗。

公元80年，可容纳87000人的罗马大圆形竞技场举行落成典礼，角斗比赛持续100天，其中有一天，3000人进行格斗。公元108～109年，皇帝图拉真为庆祝征服达西亚，持续进行了123天的角斗比赛，有9138名角斗士

△ 古罗马角斗士塑像

参加了格斗，11000只动物被杀。

在这些疯狂的年头，罗马市民也变得异常残酷，以欣赏流血为乐，当一批批角斗士血染黄沙，躯体被猛兽撕裂之时，他们不但不感到厌恶憎恨，反而发出一阵阵欢呼。

有人说，角斗是罗马帝国统治与教育的需要。在"和平时期"，罗马帝国内部的核心地带实际上已与战争相隔离。为了保持罗马的战斗传统，罗马人在城市和乡镇建立起人工战场作为公共娱乐场地。

在这里举行角斗比赛，有助于对后方的男人、妇女和孩子们反复进行勇敢和胆怯的现场教育；使孩子们懂得被打败的人将会得到怎样可怕的结果。西塞罗就说过："角斗是一种良好的教育，它能培养沉着、勇敢和视死如归的精神。"

由于每次角斗比赛，总有许多战俘、奴隶、犯人被打死，因此，它与执行一次公开的死刑差不多。它对罗马的公民、属民和奴隶起一种杀一儆百的作用，谁敢反叛或出卖他们的祖国，谁将得到与角斗士同样的下场。

有人说，罗马贵族和皇帝为了个人的目的煽起了角斗之风。有些贵族为了光耀门第，有些政客为了捞取名望，以便在竞选中获得更多选票，都竞相打破早先的限制，扩大角斗规模，增多比赛次数，延长比赛时日。

有时皇帝也把角斗比赛作为施展淫威的场所。皇帝克劳狄有一次对竞技场舞台设计不满，就命令建造舞台的工匠格斗；皇帝卡里古拉有一次发现参加格斗的犯人不够，便下令逮捕一些群众，作为犯人与野兽格斗。

也有人认为，罗马风行角斗在于传统自身的简单发展，如罗马人喜欢血，就渴望经常举办流血的角斗比赛。还有人说，原因可能在于群众的社会心理方面，那就是一种把它作为一种特别方式的安慰，可能产生与攻击者的胜利相一致，而不会与失败者的痛苦相一致的心理状态。

奥运会的起源之谜

奥林匹克运动会简称"奥运会"，是由国际奥林匹克委员会主办的世界性综合运动会。

奥运会起源于古希腊，因举办地点在奥林匹克而得名。

古希腊是一个神话王国，优美动人的神话故事和曲折离奇的民间传说，为古奥运会的起源蒙上一层神秘的色彩。传说古代奥林匹克运动会是为祭祀宙斯而定期举行的体育竞技活动。另一种传说与宙斯的儿子赫拉克勒斯有关。赫拉克勒斯因力大无比获"大力神"的美称。他在伊利斯城邦完成了常人无法完成的任务——不到半天工夫便扫干净了国王堆满牛粪的牛棚，但国王不想履行赠送300头牛的许诺，赫拉克勒一气之下赶走了国王。为了庆祝胜利，他在奥林匹克举行了运动会。

关于古奥运会起源流传最广的是佩洛普斯婆亲的故事。古希腊伊利斯国王为了给自己的女儿挑选一个文武双全的驸马，提出应选者必须和自己比赛战车。比赛中，先后有13个青年丧生于国王的长矛之下，而第14个青年正是宙斯的孙子和公主的心上人佩洛普斯。在爱情的鼓舞下，他勇敢地接受了国王的挑战，终于以智取胜。为了庆贺这一胜利，佩洛普斯与公主在奥林匹亚的宙斯庙前举行盛大的婚礼，会上安排了战车、角斗等项比赛，这就是最初的古奥运会，佩洛普斯成了古奥运会传说中的创始人。

实际上，奥运会的起源与古希腊的社会情况有着密切的关系。公元前9～8世纪，希腊氏族社会逐步瓦解，城邦制的奴隶社会逐渐形成，建立了200多个城邦。城邦各自为政，无统一君主，城邦之间战争不断。为了应付战争，各城邦都积极训练士兵。斯巴达城邦儿童从7岁起就由国家抚养，并从事体育、军事训练，过着军事生活。战争需要士兵，士兵需要强壮身体，而体育是培养能征善战士兵的有力手段。战争促进了希腊体育运动的开展，古奥运会的比赛项目也带有明显的军事烙印。连续不断的战事使人民感到厌恶，普遍渴望能有一个赖以休养生息的和平环境。后来斯巴达王和伊利斯王签订了"神圣休战月"条约。于是，为准备兵源的军事训练和体育竞技，逐渐变为和平与友谊的运动会。

古奥运会从公元前776年起，到公元394年止，经历了1168年，共举行了293届。按其起源、盛衰，大致分为3个时期。

一、公元前776年至公元前388年，这一时期各城邦之间虽有纷争，但希腊是一个独立的国家，政治、经济、文化都较发达，是运动会的黄金时期。特别是公元前490年，希腊雅典在马拉松河谷大败波斯军之后，一时民情奋发，国威大振，兴建了许多运动设施、庙宇等，参赛者遍及希腊各个城邦，奥运会盛极一时，成为希腊最盛大的节日。

二、公元前388年至公元前146年，开始衰落。由于斯巴达和雅典长期的伯罗奔尼撒战争（公元前431年至公元前404年），希腊国力大减，马其顿逐渐吞并了希腊。马其顿君王菲利普还亲自参加了赛马。随后亚历山大大帝虽自己不喜爱体育活动，仍积极支持，并视奥运会为古希腊最高的体育活动开幕式，为其增添设施。不过，这一时期古奥运会精神已大为减色，并开始出现职业运动员。

三、公元前146年至公元394年，古奥运会由衰落走向毁灭。罗马帝国统治希腊后，起初虽仍举行运动会，但奥林匹亚已不是唯一竞赛地了。如公元前80年第175届奥运会，罗马竞技规律就把优秀竞技者召集在罗马比赛，而奥林匹亚只举行了少年赛。这时职业运动员已开始大量出现，奥运会成了职业选手的比赛，希腊人对之失去了兴趣。公元2世纪后，基督教统治了包括希腊在内的整个欧洲，倡导禁欲主义，主张灵肉分开，反对体育运动，使欧洲处于一个黑暗时代，奥运会也随之更趋衰落，直至名存实亡。公元393年，罗马皇帝狄奥多西一世宣布基督教为国教，认为古奥运会有违背基督教教旨，是异教徒活动，翌年宣布废止古奥运会。公元895年，拜占庭人与歌德人的阿尔菲斯河发生激战，使奥林匹亚各项设施毁失殆尽。公元426年，狄奥多西二世烧毁了奥林匹亚建筑物的残余部分。公元522、511年接连发生的两次强烈地震，使奥林匹亚遭到了彻底毁灭。就这样顺延了1000余年的古奥运会不复存在了，导致繁荣的奥林匹亚变成了一片废墟。

古代奥林匹克运动会的竞技比赛项目主要是田径，后来逐渐增加了摔跤、五项全能、拳击、赛马、角斗，以及战车赛、武装赛跑等，最多时达23项。大多数比赛项目为现代运动项目的原始雏形，比赛规则简单，任意性很大，一些项目如最富有古希腊运动特色的角斗在现代运动中已经绝迹。

场地跑是古代奥运会最早设立的竞赛项目，也是从第1届到第13届运动会上的唯一竞赛项目，距离是192.27米，这正好是运动场的长度。后来有了中跑和长跑，距离是192.27米的倍数。当时跑道无分道标志，运动场的边界铺以石块，就是起跑线，起跑姿势千姿百态，比赛时也只是比个先后，不计时间。古希腊人爱好跑步，在奥林匹亚阿尔菲斯河岸的岩壁上保留着古希腊人的一段格言："如果你想聪明，跑步吧！如果你想强壮，跑步吧！如果你想健康，跑步吧！"五项全能是运动会上的综合性比赛项目，与现代田径全能运动的比赛方法大不相同。例如，古代五项全能比赛有笛子伴奏，运动员路过时手持哑铃，铁饼实为石饼，标枪为当时的实用武器。前4项在竞技场内进行，摔跤则在神庙旁进行。摔跤参赛者必须是前4项的优胜者，摔跤必须获得第一名才能成为五项全能运动的冠军。在古代奥运会中，斯巴达人一直在这个项目上占优势，几乎包揽了历届的冠军。

角斗是古代希腊盛行的一种拳击和摔跤相结合的体育竞技项目，比赛十分激烈，常常吸引众多的观众。

在古代奥运会期间，少年比赛项目是从第37届才开始设立的，年龄的界限并不明确，比赛项目也只限于场地跑，摔跤、五项全能、拳击、角斗也曾举行过几次，但没有持久。

此外，尚有精彩的文艺比赛举行，参加者为诗人、作家、艺术家和演说家等。文艺比赛是从公元前444年的第84届古奥运会开始的，当时被誉为希腊"历史之父"的希罗多德宣读了他的名作《历史》中的某些章节，歌颂了公元前490年在马拉松河谷战役中大败波斯军队的希腊战士，最终赢得首次文艺

△ 古希腊奥林匹克运动会圣火采集仪式

比赛的桂冠。艺术比赛也有奖励，甚至比体育比赛的奖励高，如公元前338年马其顿征服希腊后的一届奥运会曾将属于体育比赛的奖励全部奖给了诗人。

1893年，根据"奥运之父"顾拜旦的建议，在巴黎举行了讨论复兴奥运会问题的国际性体育会议。次年1月，顾拜旦草拟了复兴奥运会的具体步骤和需要探讨的10个问题，致函各国体育组织和团体。6月16日，"国际体育运动代表大会"在巴黎索邦神学院开幕，到会代表79人，代表着12个国家的49个体育组织。有2000人参加了开幕式。大会通过了《复兴奥林匹克运动》的决议。6月23日成立了国际奥林匹克委员会。国际奥林匹克委员会的成立，标志着奥林匹克运动的诞生。

《蒙娜丽莎》微笑之谜

  《蒙娜丽莎》是公元15、16世纪意大利文艺复兴盛期画家达·芬奇的著名肖像画，作于1503～1506年，由巴黎罗浮宫美术馆收藏。这幅画描绘了一个新兴的资产阶级妇女的典型，充分表现出这个新女性自信乐观的情绪，端庄温雅的性格。画面虽然保留着宁静、端庄的古典画风，但已消除了中世纪绘画中那种抽象化的呆板、僵冷的面孔。画家敏捷地抓住所描绘对象一刹那间微笑的表情，表露了人物微妙的心理活动，给人以丰富的联想。作者把刻画人物的脸部、胸部和手部作为画像的主体部分，用柔和细腻的笔调表现了富有生命力的肌体。

△ 蒙娜丽莎

为了衬托主体，把服装处理得很朴素，省略任何华丽的装饰品。画家还用明暗法处理人与环境的关系、光影、空间以及体积关系，追求一种完整的艺术效果。这幅作品，不仅成为文艺复兴肖像画中的经典之作，而且对后辈画家的人物创作影响深远。

  据说拿破仑将《蒙娜丽莎》挂在自己的卧室中，每天早晚都要独自欣赏多次，有时面对画中人竟然伫立一天半日，被迷得如痴如醉。戴高乐总统在遇有棘手问题或心绪不宁时，便驱车前往罗浮宫赏画，当他从《蒙娜丽莎》

殿厅走出来时，令人惊奇的是他原先的烦恼早已烟消云散，而是神采奕奕，春风满面。

《蒙娜丽莎》这幅名画，又称作"永恒的微笑"，画中蒙娜丽莎的微笑神秘莫测。但是达·芬奇笔下的蒙娜丽莎却是实有其人的，她是佛罗伦萨一位富有的女市民。达·芬奇刚开始为她画像时，她年仅24岁。据说，在这之前不久，蒙娜丽莎心爱的女儿刚刚去世，因此她整天愁眉苦脸，闷闷不乐。为了唤起模特儿发自内心的微笑，画家一边为她画像，一边请人在她身边奏乐，如此这般千方百计地引出这位美人的一刹那的微笑，仿佛稍纵即逝。蒙娜丽莎的微笑似乎是从脸上掠过似的，既显示了她内心的情感，又没有失去安详的表情，显露了人物内心深处微妙的心理活动，引人遐想，令人神往。自从《蒙娜丽莎》问世几百年来，人们在她面前品味着、揣测着、争辩着，令人百思不得其解。

有的从审美心理学的观点出发认为，同一件艺术品，不同的人或同一个人在不同的心境下观赏，往往会有不同的感受。人们凭借自己的生活经验，能从中不断发现作品的新含义。

有的学者从美学角度指出，这一神秘微笑的造成是因为作者力图要在一个个性非常具体的人物身上，创造出他理想化了的美的典型，力图要使一闪即逝的面部表情，成为一种喜悦的永恒的象征，正是这种矛盾的结合产生了令人觉得出奇的客观效果。

有的画家则从绘画技巧上进行探讨，说达·芬奇为这个坐在阳台上的少妇，设置了一幅透视不一的背影，当人们的视线集中在左边，感到远景下降而人物上升；反之，当人们集中到右边看时，觉得远景上升而人物下降。画像中的人物五官，其位置亦在游移不定之中。加上作者把体现人的笑容的嘴角、眼角部位，又画得若隐若现，界线不甚分明，这就使得画中主人公的微笑颇费猜疑。

有的研究者从医学角度，别出心裁地研究了蒙娜丽莎的"生理状况"，认定她患有内斜视，甚至发现她右下脸上有一个小肿包。而现代派画家迪费则坚持认为蒙娜丽莎应是有胡须的，为此他大笔一挥，硬给蒙娜丽莎嘴上添了两撇八字翘须，令人观后啼笑皆非。

著名的精神分析学说的创始者弗洛伊德则将此问题同达·芬奇的母亲联系起来。他认为，画家由于离别生母，多年来跟随父亲与继母生活，不免思母之情甚切，他从"蒙娜丽莎"模特儿的脸上和嘴唇间发现了他母亲那样的微笑，唤起了他无意识中对母亲的爱，但画家已不能再从那唇上得到亲吻，于是便以高超的画艺把那迷人的美连同他自己的感情全部表现在画布上，以致使那微笑具有诱人的魅力。

需要指出的是，不仅达·芬奇笔下的蒙娜丽莎的微笑是神秘莫测的，而且有关画中主人公的身份、年龄及该画真品究竟藏在何处，也莫衷一是，众说纷纭，这就使得蒙娜丽莎的微笑越发显得扑朔迷离了。据意大利学者皮德利弟和苏联教授昂斯基研究的结果，认为《蒙娜丽莎》实际上是"一个妓女的肖像"，一反过去此乃贵妇人之说，此论一出，学术界一片哗然。

至于画中人的年龄，一些研究家也认为并非如过去"定论"说的只是一位二十几岁的妙龄女郎，而已经"人到中年"——她应该在三十七八岁或四十岁以上。

达·芬奇的《蒙娜丽莎》原画藏于巴黎罗浮宫。但几百年来，不少收藏家各自称他们藏有真正的《蒙娜丽莎》。此画1911年失窃，两年后失而复得，这就使得《蒙娜丽莎》的真品究竟藏在何处成了一个谜。据说，全世界已有形形色色的假《蒙娜丽莎》200多幅，英国前首相撒切尔夫人就收藏有4幅。更有趣的是，1984年，美国东部缅因州波特兰美术馆又收到一幅《不微笑的蒙娜丽莎》，经使用现代科学技术手段测定，此画确是当年达·芬奇的手笔，画中的人物除"不微笑"外，其余都酷似蒙娜丽莎本人。画家们由此推测，这幅《不微笑的蒙娜丽莎》可能是作者同时画的一幅底稿。《蒙娜丽莎》画的到底是谁，她的微笑为何神秘仍是个谜，有待人们进一步去探索、研究。

《蒙娜丽莎》失窃之谜

在1900年，《蒙娜丽莎》还远不如现在有名，只有不多的精英分子才对"她"有所了解。《蒙娜丽莎》怎样才能使千百万不知道她神秘的微笑、几乎没有听说过文艺复兴，甚至不知道列昂纳多·达·芬奇的人认识她呢？这需要有一件惊人的、有新闻价值的事件。1911年8月21日清晨，一位30岁的意大利人——罗浮宫油漆匠温琴佐·佩鲁贾为这幅油画提供了千载难逢的机会。那天是星期一闭馆日。佩鲁贾把《蒙娜丽莎》从画框中取下来，卷起来藏在衣服下面，逃之夭夭。

罗浮宫上下对《蒙娜丽莎》的失窃倍感震惊，决定闭馆一周。政府解雇了罗浮宫馆长狄奥菲尔·奥莫勒和警卫长，惩罚了所有警卫。一位干过保安和警察的行政官员取代了奥莫勒的位置。

新闻界自然不会放过这么好的题材。在意大利，对失窃案的报道铺天盖地，正如一些爱国人士所言，"它毕竟是我们的画"。《星期日邮报》在9月3日至10日那期头版上登了一幅画，占据整页版面，画上有两个梁上君子正在盗窃《蒙娜丽莎》，上面写着"如何将不可能的事情变成现实"。号称世界上发行量最大的报纸《巴黎人报》在8月23日那期登了《蒙娜丽莎》大画像，上面印着大标题"佐贡达夫人逃离罗浮宫"，标题下是讽刺性的评论"……我们还有画框"。这篇文章连同第二页特写告诉人们，《蒙娜丽莎》的失窃是个悲剧性的损失："事实是，历史上再没有比《蒙娜丽莎》更完美的画了。"

接着，各家报纸大肆鼓吹画的重要地位，又纷纷猜测起来：这个神秘的窃贼是有着强烈占有欲的艺术爱好者呢，还是迷恋《蒙娜丽莎》的狂热分子，抑或是位遁世而又古怪的百万富翁？当然我们还要谴责一些人，罗浮宫

△ 罗浮宫

及其不完善的安全措施也是难辞其咎的。诗人纪尧姆·阿波里奈也加入到谴责者的行列中，他带着侮辱性的口吻说道："罗浮宫比任何一家西班牙博物馆都不安全。"

几家报纸对失窃案连续报道了将近3周，几乎每天都会在头版刊登佐贡达夫人（即《蒙娜丽莎》原型）的画像。社会各阶层都被报道所吸引，也很快对文艺复兴时期的艺术有了一定了解。跟此画有关的趣闻轶事不断见诸报端，包括列昂纳多作画时，艺人或弹或唱，努力让她笑起来的故事。《巴黎人报》编造故事，比如说罗浮宫破例允许著名诗人、剧作家缪塞单独与《蒙娜丽莎》呆了一夜，实现了他多年的梦想。

8月30日，罗浮宫重新开馆，人们纷纷拥入罗浮宫，注视着那面空荡荡的墙壁和曾挂着《蒙娜丽莎》的钩子，表达自己的悲哀，仿佛一位备受爱戴的名人死了。参观人数大大超过以前。小贩们脸上挂着并不神秘的微笑，叫卖《蒙娜丽莎》的明信片和复制品，生意兴隆。

记者们着实忙活了好一阵子。人们发现，著名诗人阿波里奈曾试图通过一家报社归还1911年5月从罗浮宫偷出的两尊腓尼基雕塑。《蒙娜丽莎》会不会也是他偷的呢？后来人们得知那两尊雕塑是他的一个朋友偷的。这位朋友把雕塑偷出来只是为了显示自己的胆量，后来他把雕塑送给了阿波里奈。诗人开始并不同意，甚至有些恼怒，但最终还是收下了雕塑。当《蒙娜丽莎》被窃时，诗人心里惴惴不安，还曾考虑过把雕塑扔进塞纳河里；后来在毕加索的劝告下，他决定归还雕塑。警察为此把他逮了起来，在监狱里拘留了几天，后来就放了。出狱后在去参加庆祝会的路上，他顺便探访了《巴黎日报》社，交给他们一篇文章，题目是《我的牢狱生活》。

大众文化对失窃案的炒做达到了极点。罗浮宫的保安系统经常在歌曲、明信片、卡巴莱歌舞表演（即酒店里的歌舞表演）和杂耍表演中受到嘲弄。在巴黎最受欢迎的奥林匹亚剧院里，喜剧演员向观众表演一出讽刺剧：罗浮宫一名警卫正在给一尊价值连城的雕塑清扫灰尘。他一不小心把雕塑碰到了地上，雕塑被摔得粉碎。他却若无其事地把碎片清理掉，结果又笨手笨脚地碰落了更多雕塑和画像。警卫的一些朋友纷纷找他"借用"罗浮宫里的艺术品装饰自己的家。警卫还向游客四处兜售宫里的艺术品："牟利罗的画怎么样，你喜欢伦勃朗的作品呢，还是拉斐尔的作品？"

讽刺性明信片也很快出现在市场上。在一张明信片上，一名窃贼带着画像逃之夭夭，警卫却酣然入睡。还有一张明信片，蒙娜丽莎咧着嘴笑，旁边写着："我真高兴，400年后我终于自由了。"米兰的一张明信片上，蒙娜丽莎翘着鼻子以示嘲弄，飞快跑掉了。

失窃案后不到两个星期，一部关于失窃案的幽默短片被搬上奥姆涅佩兹电影院的大银幕。9月10日前来看电影的观众中有弗朗克·卡夫卡和马克斯·布罗，他俩在前一天参观了罗浮宫那面空墙。影片名字是《尼克·温特与（佐贡达夫人）被盗》，只有5分钟，但卡夫卡觉得影片很有趣。他们描述了影片的主要故事情节："故事发生在罗浮宫里。里面的一切东西都仿造得惟妙惟肖，包括其中的画和雕塑，还有画廊中间悬挂《蒙娜丽莎》的3个钩子。一个滑稽的侦探被请去侦破此案；一只鞋扣提供了错误的线索，把他给误导了；侦探假装成擦鞋匠，强迫来往路人到他那里擦鞋。结果克鲁莫勒被警察逮了起来（克鲁莫勒当然就是罗浮宫馆长奥莫勒），因为那个鞋扣是他掉的。接着故事发展到高潮：当人们在罗浮宫里跑来跑去的时候，窃贼却夹着《佐贡达夫人》回来了，他把它放回原处，接着取走了一幅委拉斯开兹的画，他的一举一动没有引起任何人注意。最后，人们在《蒙娜丽莎》上发现了窃贼留下的笔迹："对不起，都怪我视力不好。我想要的是旁边那幅画。"

人们很快就听到了讽刺盗窃案的卡巴莱歌曲。这些歌曲通常以旧曲谱新词，大多数轻快诙谐，充满讽刺意味。歌里的蒙娜丽莎通常是个爱玩的女孩，她在罗浮宫里有些烦闷。在一首歌中，她出现在一个下等酒吧间里，满口巴黎黑话，意思大致是："嗨，伙计，亲我一口吧，我不会反感。我已经对那个宫殿厌烦透顶。有一天晚上，警卫喊道'要关门了'，我说'去你的'，然后就跑出来了。"

并非所有对失窃案的反应都充满喜剧色彩。8月23日，极端民主主义者和反犹太人的法兰西运动党一开始就把怒火发泄到罗浮宫馆长奥莫勒身上，说他是德雷福斯的支持者——言外之意说他亲犹太人，还抨击他的助手贝内迪特说："凑巧的是，他是犹太人。"第二天，要求奥莫勒辞职的大字标题更咄咄逼人："他是所有国家物馆里的犹太化组织的头子。"

几天后，编辑列奥·都德在题为《犹太化了的罗浮宫》的评论中，叫嚣道：整个艺术界都被控制在犹太人手中。到第四天，"法兰西运动"中的艺术评论家路易·迪米耶声称：松懈的保安措施是法兰西第三共和国民主价值观作用的结果，对此他表示强烈的不满。如果罗浮宫向所有人都开放的话，还有什么事情不能发生呢？如果让犹太人来管理罗浮宫，就像犹太人管理我们国家一样，那会有什么好结果呢？

这时候，《蒙娜丽莎》正放在佩鲁贾住处炉子下面的箱子里。1912年，佩鲁贾去伦敦找艺术品商人约瑟夫·杜维恩，商量把画卖给他，而他并没带《蒙娜丽莎》。杜维恩觉得他是骗子，把他轰走了。

到1913年底，大多数人差不多就要把《蒙娜丽莎》忘掉了。但失而复得的消息又让她热了起来。整个过程很有戏剧性。1913年11月29日，佛罗伦萨古董商阿尔弗雷德·杰里收到一封署名"列昂纳多"的信，作者声称要把画"归还"意大利，换取5万里拉来支付他的"费用"。"列昂纳多"暗示他是受爱国心的驱使，产生了归还被外人盗走的意大利国宝的愿望。在美术馆馆长科拉多·里奇和乌菲齐美术馆馆长乔瓦尼·波吉的支持下，杰里回答说他想看一下这幅画。"列昂纳多"也就是温琴佐·佩鲁贾，欣然表示同意，接着就带着装有《蒙娜丽莎》的箱子，乘火车离开了巴黎。他于12月12日到达佛罗伦萨，下榻在的黎波里一意大利酒店。在酒店里，杰里和波吉检查了画的背面，并找到了正确的罗浮宫编号。他们说服佩鲁贾，允许他们把画带到乌菲齐作进一步检查。在乌菲齐美术馆，杰里和波吉两人对照着手上原件的照片，检查了画上的龟裂纹即颜料上的裂纹，这可以作为年代久远的画作的"指印"来鉴别真伪。他们非常高兴，因为手中拿的正是真品，他们说服佩鲁贾回酒店等候奖金，然后就报了警。

随之而来的报道铺天盖地，人们又想起了1911年那些报道和趣闻。意大利政府不顾人民的呼声，很快就与法国达成了友好协议，把画归还给法国，法国因而同意，在《蒙娜丽莎》回到巴黎之前，可以在佛罗伦萨、罗马和米兰展出。

正如失窃案使巴黎人知道自己还有这么好的画一样，画的失而复得也使意大利人对"他们的"《蒙娜丽莎》倍感骄傲。人们成群结队地来到乌菲齐美术馆观看这幅画，一些人眼里还噙着泪水。

在武装人员的护送下，《蒙娜丽莎》从佛罗伦萨来到罗马，准备正式移交给法国当局。她（人们一直用"她"，而不用"它"）被放在特制的箱子里，像个王后一样，前面还有仪仗队引路。沿路每靠一站，都会有便衣特工围在火车周围。在罗马，官员们在火车站迎接她，把她带到教育部部长那里。随后国王维克托·伊曼纽尔三世和一批官员接见了她。在一个非公开仪式上，意大利外交部长将她转交给法国大使。罗浮宫馆长在现场鉴别画的真伪。两国官员也纷纷发表演讲，盛赞两国友谊（而法国和意大利当时分属于两个对立的势力集团，都想当欧洲老大）。

该画于12月31日到达巴黎。人们聚集在火车站，盼望能一睹芳容。1914年1月4日上午，她被送还给罗浮宫沙龙艺术展览厅。那个星期天，巴黎人排起长队买票欣赏他们的《蒙娜丽莎》。著名小说家科莱特在《晨报》的专栏里描绘了当时的情景。科莱特写道，要见《蒙娜丽莎》并不容易。

大多数参观者都"全副武装"，带着照相设备。在参观过程中镁光灯不停地闪烁，还有人漫不经心地说："你知道她的下唇有多丰满吗？""我知道。但你看：她右手没有左手画得好！"他们发现了她，创造了她……他们喜欢她不单单是因为她的容貌和独特特点使她近乎完美，还有脸上缺少眉毛，而这只是人们想象的缺点。

《蒙娜丽莎》重新获得的名声使窃贼也沾了光，温琴佐·佩鲁贾家喻户晓。不过在新闻界眼里，佩鲁贾令人失望。他不是通俗小说里老练的国际艺术品大盗，显然他只是一个典型的失败者，甚至连犯罪记录也微不足道。有一次，他抢劫一个妓女，而那个妓女拼命地反抗，直到最后也没能得逞（他只有5英尺3英寸高），后来他被警察逮了起来，关了一星期。

佩鲁贾在意大利受审时，极力强调他做的一切都是源于爱国热情，他看到那么多意大利艺术品落入外人之手，心里很不舒服。起初，他想偷曼特尼亚的《战神与维纳斯》，因为他在罗浮宫听到一些参观者对此画大加赞赏。后来，他又听到一些人喜欢《蒙娜丽莎》，并且发现《蒙娜丽莎》比其他画要小得多，可以藏在衣服下面，因此就把目标锁定在《蒙娜丽莎》上。

佩鲁贾的辩护律师十分机智地辩护说，事实上大家都没有损失什么。各家报社和明信片小贩增加了销量，罗浮宫获得了更高的知名度，画的归还也缓和了法国和意大利两国之间原本紧张的外交关系。古董商阿尔弗雷德·杰里在归还《蒙娜丽莎》的过程中发挥了积极的作用，因而得到了罗浮宫朋友协会许诺的2.5万法郎的奖金，与此同时，该协会的会员也成倍增加。于是，佩鲁贾被宽大处理。起诉人要求判他3年，而法院只判了他12个半月。

法国街头歌曲产业又以飞快的速度转向《蒙娜丽莎》。一系列新的趣味明信片也纷纷上市：蒙娜丽莎来到巴黎车站，请求司机送她回罗浮宫；蒙娜丽莎离开米兰（出现在一张为贡德朗货运公司做广告的意大利明信片上）；蒙娜丽莎手里抱着一个婴儿，身后站着一位英俊的意大利人（微笑的谜团揭开了）；蒙娜丽莎咧着嘴笑，明显能看出她已经怀孕，旁边写着"怀孕的乔康达"。

《呼啸山庄》的作者是谁

在19世纪的英国小说界，出现了了不起的勃朗特三姐妹，他们分别是夏洛蒂、艾米莉和安妮。其中尤其是夏洛蒂和艾米莉，更属天才女子，虽然没有发挥自己的文学天赋，但每人至少为世界留下了两部杰作，这就是大名鼎鼎的《简·爱》与《呼啸山庄》。

1847年12月，《呼啸山庄》初版问世，作者署名为"艾米莉·勃朗特"，出版商是托马斯·科特雷·生比。但是在1850年本书出第二版时，出版商变成了夏洛蒂·勃朗特的出版人史密斯·艾尔德，并且从此之后，《呼啸山庄》的原稿再没有人见过，有人说是被史密斯·艾尔德毁掉了，但是他为什么要毁掉原稿呢？没有人可以说出理由。在原稿存在的时候，就有人怀疑过《呼啸山庄》的作者不是艾米莉·勃朗特，如今原稿在人间蒸发掉了，并且出版人也改变了，著作权就引起了更大的争议。

由于以前再版的出版商是夏洛蒂·勃朗特的出版人，再加上夏洛蒂·勃朗特当时已经凭借一部《简·爱》名利双收，于是有人将《呼啸山庄》视为她的作品。但是夏洛蒂·勃朗特出面作了解释，说作品并非自己所为，并且在《呼啸山庄》的再版序言里，她还不厌其烦地为她的妹妹提供了写作时间上的证据。当时虽然还有人怀疑，但是这怀疑的风波算是平静下来。

其实，就在《呼啸山庄》初版的时候就有人指出，艾米莉·勃朗特完全具备写下这部杰作的可能性。"文如其人"是著名文艺批评家布封提出的观点，这个可以当作文学创作的一般规律。我们只要仔细了解一下艾米莉·勃朗特，就不难发现，《呼啸山庄》中沉闷和压抑的主题，艾米莉是熟悉和体验过的。夏洛蒂曾经这样评价她的妹妹："自由是她鼻中的空气，没有它，她就会死去。"日常生活中的艾米莉不信教，性格倔强，少言寡语，有强烈

△ 夏洛蒂·勃朗特

的自我意识。在《呼啸山庄》出版前，艾米莉曾发表了一组与《呼啸山庄》主题相近的哲理诗。并且从艾米莉别的作品中，我们都可以看出她简浩、明朗、集中和强烈的风格，而这些都是与《呼啸山庄》的风格相接近的。有关《呼啸山庄》著作权的争议在夏洛蒂·勃朗特的澄清下平静了下来。但是在17年后，英国《哈利法克斯卫报》上转载了一篇批评《呼啸山庄》的文章，作者再次对这本小说的作者提出疑问："谁能设想希兹克利夫，一个在从摇篮到坟墓的毁灭过程中从不闪避的汉子……竟出自一个胆小的隐居的女性的想象呢？"而认为小说当为夏洛蒂·勃朗特的哥哥布兰韦尔所著。

无独有偶，这篇文章被已故的布兰韦尔的朋友威廉·迪尔顿看到了，马上撰文支持这一观点，并且提供了自己强有力的证据：他曾经亲耳听到布兰韦尔念过《呼啸山庄》的开头部分，而那时候《呼啸山庄》还远没有出版。

迪尔顿说，他和布兰韦尔相互不服气对方的诗作。于是约定各写一首诗比比高低。他们确定了时间地点，然后找了一位叫约瑟夫·雷兰德的人作裁判。那天布兰韦尔说要读一首叫《死神》的诗，可是却拿出来一部小说的开头部分，布兰韦尔非常懊悔，当场宣布自己输了比赛。但是迪尔顿说服了他，让他将拿来的东西读给大家听，只要写得好，一样顶事。当布兰韦尔读完之后，无论是裁判还是迪尔顿都惊呆了。"我从来没有见过这样有震撼力的文章！"迪尔顿说，"我敢肯定，它里面的背景和人物——就其发展而言——与《呼啸山庄》是一脉相承的。因为这件事给我的印象太深刻了，我不可能记错。"

而早在很久以前，布兰韦尔的另一个朋友爱德华·斯楼恩就说过：

"我一开始读《呼啸山庄》时，就已经能够预知故事中所有的人物和情节了。因为布兰韦尔一而再、再而三地向我念过他的手稿，这足以让我的头脑熟悉它们了……"

1872年，又有一名叫乔治·塞尔·菲利浦斯的人宣称，曾经亲耳听到布兰韦尔说过他要创作一部小说，小说的名字就叫（《呼啸山庄》。背景是粗犷的沼地，人物是爱骂天咒地和好杯中物的约克郡老乡。甚至还有人这样说：凡是略微读过《简·爱》的，都会知道这本小说是一位女性写的。而凡是粗粗翻过《呼啸山庄》的，都会认为它绝对不会出自一位女性作家之手。

那时候这个文学兄妹的父亲勃朗特还在，于是迪尔顿跑到老人那里去求证。勃朗特毫不犹豫地说，他的儿子"完全不可能写出这样一部作品"，并且要求别人不要再为《呼啸山庄》的事情打扰他。

应该说从人证方面，艾米莉·勃朗特无疑是占有优势的，但是这件事的关键部分——《呼啸山庄》的手稿，到今天还没有找到，客观上使这个文学悬案延续下来。

羊皮书的保存和流传之谜

　　古希腊和古罗马创造了光辉灿烂的文化。在10多个世纪的漫长岁月里，希腊、罗马出现了众多的文化名人，他们勤奋创作，著述甚丰，给后人留下了无比珍贵的精神财富。当今天我们怀着激动而崇敬的心情拜读一些古典大师们的作品时，脑海中不禁会涌现出一个这样的问题——两千多年前写成的典籍是如何保存流传至今的呢？

　　在古希腊、古罗马时代，没有纸，也没有印刷术，字是作者用羽毛或芦管当笔蘸墨水写在羊皮纸上的，然后装帧成册。谁要想得到一本书，一般的办法就是抄。当时的富贵之家，都有负责抄书的奴隶，因此书籍得以广泛流传。可是公元476年西罗马帝国灭亡后情形就大不一样了。

　　在原先帝国广袤土地上取代罗马人统治的是被称为"蛮族"的日耳曼人，他们都是一些目不识丁的武夫，丝毫不知道羊皮纸典籍有何价值，肆意践踏。在那种兵荒马乱的年代，多少名贵的书籍或付之一炬，或散失殆尽。待社会初步安定以后，势力盘踞整个欧洲的基督教会一方面为实行愚民政策，另一方面为排斥异端，更是对希腊罗马典籍进行大规模有组织地摧残与毁坏。早在公元391年，亚历山大的大主教提阿非罗下令将世界闻名的亚历山大图书馆烧毁。该图书馆历史悠久，建于公元前3世纪，藏有几十万册古典珍本。

　　教会一再发布读书禁令，教皇格利哥里一世宣扬"不学无术是信仰虔诚之母"，鼓吹"知识服从信仰"，认为与基督教信仰无关的知识非但无用，反而有害。他任职期间不仅颁布过禁读令，而且下令烧掉罗马城内巴拉丁小丘上一座藏书十分丰富的古罗马图书馆。教会人士和神学家还将大批羊皮纸书籍的原文刮掉，再在上面写有关基督教的东西。这样也毁灭了大批古书，还使部分古书错讹百出。此外有许多羊皮纸书则长年累月堆在禁室，蛛网尘封，虫蛀霉烂。从公元6世纪到10世纪的欧洲黑暗时代，希腊罗马长期积聚起来的书籍宝库，经过无数次兵燹、劫掠、焚毁、刮削、虫蛀、霉烂，造成的损失是无法估算的。尽管如此，估计多数古代希腊罗马羊皮纸典籍还是保存流传下来了，成为今天世界文化宝库中一笔极为珍贵的财富。那么，这些古籍是如何获得劫后余生的呢？

有一种意见认为，尽管基督教会是毁灭希腊罗马古籍的罪魁祸首，然而在保存古籍方面，它也有一份不能抹杀的功绩。首先要归功于修道院的抄录修士，在公元6世纪的黑暗时代，东哥特王的宠臣、罗马贵族后人加斯奥多勒斯在自己开设的修道院中首创誊写室，专门抄录古典作品。圣本笃修会的创始人本尼狄克起草的会规规定，抄书是修士们的日课，并说只有日夜抄写，才能得到上帝的宽宥。从此，抄录制度在西欧各地修道院迅速普及，不仅抄写数量颇大，而且质量亦为上乘，稿本完整，字迹工整，装饰精美。不仅修道院抄书藏书，连教皇也大力收集古典书籍。罗马教廷图书馆始创于公元4世纪，但13世纪的动乱使藏书散失大半。15世纪，教廷在梵蒂冈重新建立了大型图书馆，该馆至今还是古代希腊罗马手稿的重要收藏中心。

教会人士为什么重视抄写和收集异教典籍——希腊罗马古书呢？对此人们有不同看法、一种意见认为古典书本中有基督教可以吸收改造的东西，而且通过这种吸收改造，基督教思想更有力量。他们举例证明，托马斯·阿奎那就是在吸收了亚里士多德的思想后才成为经院哲学集大成者的。此外，托勒密的天文学地心说也被教会用来证明上帝创造和主宰一切。

另一种意见则认为基督教不是铁板一块，内部常有异端出现。他们热心于希腊罗马古籍的收集、整理与阅读，以创立自己的学说。还有一种意见认为，10世纪以后随着欧洲工商业城市的发展，人们对古典医学、数学、天文学、地理学、生物学、工艺学知识的需求不可阻遏，教会作为知识阶层，不能无动于衷。到底哪种说法最有道理，人们只能见仁见智了。

通过修士们的抄录和教会收集保存和流传下来的古籍确实不少。有人说，修士们把6世纪以来可以见到的羊皮古籍都抄下来了，并认为保存至今的希腊罗马古书基本上是经他们抄写流传下来的。这种说法值得怀疑，因为第一、有不少古籍早在日耳曼人攻占罗马城之前就轶亡或流失到外邦去了；第二、有些书由于犯禁而没有抄写，或者即使抄了又被刮掉、销毁；第三、不少书在抄成后又散失了。此外，由于羊皮纸来之不易，也有把库存古籍刮掉抄教会书籍的。因此，除了教会以外是不是还有其他保存羊皮纸典籍的途径呢？

有的学者将保存希腊罗马羊皮纸典籍的头功归于阿拉伯人。自公元7世纪开始，阿拉伯人在长达几个世纪的扩张过程中，攻占了地中海沿岸大片原属希腊罗马统治的区域，直接接收了大量珍贵的希腊罗马古籍。而且阿拉伯统治者实行开明的文化政策，尽量搜罗各国书籍，甚至不惜动用军队劫书。

公元9世纪，哈里发马蒙在巴格达建立了宏大的图书馆，并且将搜集到手的古书译成阿拉伯文。这些书到12世纪以后又流回欧洲并被译成拉丁文。当时的译书中心主要是刚刚把阿拉伯人赶走的西班牙的托利多，其次是接近阿拉伯世界的西西里。一时间，阿拉伯人的作品便迅速流行开来。后来，欧洲人将希腊古书直接译成拉丁文（罗马典籍原来是拉丁文写的，无须翻译）。有人估计，阿拉伯人收集的希腊古书比欧洲修道院保存的还要多，特别是医学和自然科学方面的著作。这些后来都陆续译成了拉丁文在欧洲流行。

还有人认为拜占庭才是希腊古文献的最大保存者。在西欧黑暗时代，大量羊皮纸典籍遭毁，而拜占庭保存并收进了无数古代书籍。当时的拜占庭皇帝君士坦丁七世大力提倡学术与艺术。拜占庭的藏书后来虽然在1204年、1453年遭到十字军和土耳其两次劫掠，但其时西欧黑暗时代已经过去，拜占庭散失的典籍又流回到了欧洲，所以有人把拜占庭称为古典文化的保存者，并且认为如果不是拜占庭，今天的人们将无法看到荷马、柏拉图、索福克勒斯甚至亚里士多德的伟大作品。

上面种种说法都有一些道理，但都不是最后结论。现存的古代典籍究竟是怎么保存流传下来的，人们尚难确切断定。

亚历山大图书馆毁灭真相

公元前5世纪，古希腊已有了许多的图书馆，包括公共图书馆和私人图书馆。但是，古希腊时期最为宏伟、最有名望和最为壮观的图书馆不是建在雅典，而是位于古埃及的亚历山大里亚城。当时，亚历山大里亚城里有许多优美的建筑物：宫殿、庙宇、广场和花园及博物馆，其中最为有名的是亚历山大博物馆。在这个博物馆中有一个当时世界最大的图书馆——亚历山大图书馆。

亚历山大图书馆是以古希腊帝王亚历山大的名字命名的。据说，亚历山大大帝从小就爱好并熟知古希腊文化，古希腊著名学者亚里士多德便是他的老师。亚历山大喜欢读书和收藏书籍，在远征途中还带有大批图书，挤时间阅读。他曾计划建造一个大型图书馆，但未等此计划实现便因病而死。亚历山大的后继者托勒密一世索特（公元前367～前282年）开始实施这一计划。托勒密一世虽然是一个专横的君王，但他喜欢结交文人学者，因而招聘了许多著名学者到亚历山大里亚城市来。其中有一位学者名叫德米特利乌斯，他是希腊的演说家、诗人和历史学家，于公元前307年来到亚历山大里亚城，很快成了托勒密一世的宠臣。其后不久，他热心地向托勒密一世建议："在亚历山大里亚城建立一座图书馆和博物馆，以增加王朝的光荣，使之垂名于后世。"

托勒密一世欣然同意了这一建议。在德米特利乌斯的帮助下，公元前297年（或说公元前290年），托勒密一世在亚历山大里亚城最好的地方布鲁丘姆修建了一座富丽堂皇的大厦，此大厦集博物馆、图书馆和学院的功能于一体。

到了托勒密二世时，又在亚历山大里亚城的西南隅一神庙——萨拉匹斯神庙中增设了一个分馆，此馆规模较小，据称藏书4万卷，有人称之为"子馆"，它虽无主馆藏书丰富，但却较为开放，普通市民和学生均能使用。亚历山大图书馆在托勒密二世统治时最具有重要意义。它藏书甚丰，但究竟有多少，谁也无从知道。一说该馆收藏的草纸和皮纸卷轴达10万，或说有20万，再说有50万，也有人估计为70万，还有人说有100多万卷。此图书馆是当时世界上规模最大的图书馆，在长达200多年的岁月里，它作为古代希腊文化的中心，对古代世界文化的保存与交流起了重要作用。不幸的是，亚历山大图书馆后来被毁灭。那么，这座闻名古代世界的巨大图书馆到底是怎么毁灭的？对此，先人没有给我们留下真实可靠的史料记载，致使这一问题成为千古难解之谜。于是，后人对之作了各种各样的猜测与假设。

一种说法是，公元前47年，罗马统帅恺撒率军队远征埃及。当时，恺撒的军队企图抢走亚历山大图书馆的图书，于是亚历山大里亚城市的市民们放火烧毁了港口的船只以阻止书籍外运，船上的大火蔓延到了整个市区和图书馆，使亚历山大图书馆被毁了一部分。另据古代历史学家狄奥·卡西乌斯的记载，公元前41年，罗马统帅马可·安东尼从小亚细亚的另一所有名的图书馆——帕加马图书馆里把大约20万卷的图书拨给了以貌美著称的古埃及女王克娄巴特拉七世，以作为对恺撒军队破坏亚历山大图书馆的补偿。

第二种推测是，公元后，亚历山大图书馆的影响已大大削弱，其中的藏书有一部分被搬运到罗马去充实罗马的图书馆。

第三种说法是，古埃及女王克娄巴特拉七世为了取悦于恺撒，曾以亚历山大图书馆的藏书为代价以换取小亚细亚西北部古城帕加马的图书馆。

第四种观点是，公元273年，罗马皇帝奥列里亚努斯再次占领埃及，他烧毁了亚历山大图书馆的主馆部分，分馆部分则被保存到伊斯兰教寺院。公元391年基督教主教狄奥菲鲁斯以图书在异教寺院为由，下令将其全部烧毁为止。还有部分残卷可能在公元645年被穆斯林征服者奥马尔及其军队焚毁。据有一项记载，亚历山大图书馆里的纸莎草纸和羊皮纸的书卷曾被穆斯林士兵用以烧洗澡水。

第五种意见认为，亚历山大图书馆是公元646年伊斯兰教徒入侵埃及时其

△ 古亚历山大图书馆遗址

首领奥马尔下令烧毁的。据说，伊斯兰教徒焚烧亚历山大图书馆是根据下述说法而为：亚历山大图书馆如藏有与《古兰经》相敌对的书籍，则该馆应予焚毁；亚历山大图书馆如藏有与《古兰经》教义相一致的图书，则这些图书毫无必要，应予焚毁。而亚历山大图书馆的藏书对《古兰经》教义或者是敌对的或者是同情的，没有存在意义，故亚历山大图书馆应予焚毁。

纵观上述几种假说，我们不难发现，亚历山大图书馆被毁灭的各种假说间有较大差距，但也不乏共同点：一是亚历山大图书馆是由于外族入侵而被毁的；二是毁坏的方法大多为火烧；三是毁坏的原因也多与宗教有关；四是破坏或毁坏并非在短时间内完成，而是经历了一个长期的过程，遭受了多次劫掠和破坏。

毫无疑问，在好几百年的时间内，亚历山大图书馆是世界上的奇迹之一，它的毁灭是世界历史上最大的文化浩劫之一。随着亚历山大图书馆的被毁灭，对古代世界的许多情况我们便不得而知了，许多问题便只能靠推测了。

奥尔梅克文化之谜

奥尔梅克文化遗迹湮没于墨西哥的荒野之中已达数千年之久，只是在20世纪40年代才被部分发现，直到20世纪80年代初，学者们才在这一文化的调查研究方面取得一些进展，但是并没有全部揭开这个古代民族神秘的文明史。

"奥尔梅克"一词原意是"橡胶地区的居民"。据现有的研究表明，奥尔梅克人最重要的居住中心是在墨西哥炎热的维拉克鲁斯州和塔巴斯科州的大森林里，主要聚居于洛斯——图斯特拉斯山和托那拉河与夸察夸尔科斯河流域。但是，根据16世纪编年史家和历史学家的材料，奥尔梅克人不仅居住在"橡胶地区"，而且也分布在墨西哥的高原地区。现今，这一文化的遗迹集中在拉文塔、圣洛伦索、特雷斯——萨波特斯等地，很可能是一些巨大的祭祀中心。其极盛时期约在公元前1200～500年，被认为是中部美洲最古老的文化。

早期的西班牙和印第安史学家曾提到，古代中美洲曾经住过奥尔梅克人。有的学者还描述了他们的外貌：文身、锯齿、染黑齿、幼时人工改变头型、剃发、蓄须。然而，后来不知什么缘故，这一文化却几乎被人们遗忘了。而今古代奥尔梅克人在雕刻方面取得的卓越成就重新吸引了人们。在奥尔梅克人遗址有着形状不同的整块巨石琢成的雕刻品，其体积之大，形象之生动奇特，雕刻技巧之高超，都令人惊叹。其中著名的巨大的人头雕像，最大的一个高达2.5米以上，重达30多吨。更令人惊奇的是在奥尔梅克人居住的地区找不到用于各种石雕的玄武岩，而需要穿过大森林，跨过河流和涉过沼泽，才能从50公里以外的火山石场开采和运来这种石料。人们不禁要问，在既无畜力又无机械的原始社会生产条件下，奥尔梅克人是如何搬运这些石料的？无疑，石器是奥尔梅克人用来创作各种雕刻的唯一工具。使用的最普遍

△ 奥尔梅克文明遗址

的原材料是玄武岩，它是用来制作大型雕刻品的。其他石料，如玉石、皂石和石英石，用作小型雕刻。

这些石雕的大部分都表现独特的人物形象：扁阔的脸盘儿、蒙古人种的眼睛、沉重的眼皮和突出的眼球，宽平的鼻子和过大的鼻孔。这种形象是否揭示了奥尔梅克人与亚洲人的关系呢？

奥尔梅克人雕刻品的一个最引人注目的特征是嘴的形状奇特。它看上去半张着，经常露出牙床。上唇平而翘起，就像在做鬼脸，嘴角急剧下弯，这样下唇呈现弯曲状。人们就把这种形状称作"奥尔梅克人的嘴"。它使人联想起这种像猫一样的表情，并进一步联系到出没于这一带大森林里的美洲虎的嘴的特征。而美洲虎是奥尔梅克人崇拜的对象，由此人们推测这些石雕可能与宗教崇拜祭祀有关。

除了巨石人头像之外，在奥尔梅克雕刻中还包括祭台。这是一种饰有浮雕的独块巨石台，整块巨石棺和葬礼用的柱石，其上刻有象形文字和数字。这就揭示了中美洲曾经存在过一种最古老的日历和书写体系这个史实。所有这些雄伟壮观的雕刻，都表现出古代中美洲人民令人赞叹的想象力和创造力。

奥尔梅克人的艺术创作集中在精致的玉石珍宝、装饰品和其他人类与动物形象，以及美洲虎的神人同形作品的制作上。奥尔梅克文化对古代中美洲其他文化的形成和发展有很大的影响。譬如，其平底器皿的陶器式样流传到墨西哥中部，这样奥尔梅克人的艺术思想就同上述地区居民自己的制陶技巧和风格结合在一起，从而变革了陶器传统，产生出更为精致的式样。在奥尔梅克文化影响下，各地的艺术家们用黏土或石料制成了几乎都带有孩子气的人物造型，表现了人的苦难和残忍，但也有表现侏儒和有不同的先天缺陷的人物形象的。这些表明，奥尔梅克文化在中美洲曾有过重要的影响。所以人们称之为这一地区的"文化之母"。

但是，20世纪80年代初在伯利兹北部的"奎利奥"地区，学者们通过考古研究，发现那里的玛雅文物是公元前2750、公元前2450年，或公元前26世纪的物质。这样，玛雅文化反而比奥尔梅克文化早存在近千年。面对这一考古新成果，又如何解释两种文化之间的关系呢？

诚然，对于奥尔梅克文化的研究刚揭开序幕，所以它的许多方面至今还是未知数，例如关于这一文化究竟起源于何处，还没有确切的答案。有些人认为它起源于墨西哥的莫雷洛斯州或危地马拉的太平洋沿岸的山坡上，因为有人在那里找到了早于拉文塔文明兴盛期（公元前800～公元前400年）的奥尔梅克象形文字符号。另一些人声称，奥尔梅克文化起源于墨西哥的盖雷洛州，因为他们在那里搜集到了奥尔梅克人制作的许多小物件，但这一说法至今尚未得到充分的论证。而大部分学者相信，在墨西哥湾沿岸一带可能会发现这一文化的最初阶段遗迹。

关于奥尔梅克文化的形成，它与其他民族集团的关系如何，学者们的意见更是不统一。有些学者认为，在历史上奥尔梅克人作为一个民族单位是不存在的，这一文化并不能与某个确定的民族集团联系起来，在这一文化的形成过程中可能有玛雅人、托托纳克人以及其他部落和民族的人参加。而另一些学者所持的意见却与此相反，认为近年的考古新成就证明了奥尔梅克人及其文化是独立存在的。总之，这一文化至今还是一个谜，许多问题还有待人们去揭开。

迈锡尼文明源自何方

迈锡尼文明，是古希腊大陆青铜时代后期文明的别称。在19世纪以前，人们对这一文明的了解只能来自神话传说。3000年来，迈锡尼城门上的石狮静静地守护着那里的秘密。

100多年前，法国人谢里曼从发掘迈锡尼城开始，从而揭开了迈锡尼文明的面纱。

经过几代考古学家辛勤工作，使迈锡尼时代的大量居民遗址、王宫、城镇重新显出魅力。富有黄金的迈锡尼，壁垒森严、固若金汤的太林斯，无城无池多沙的派罗斯，向人们展示着迈锡尼文明的风采，吸引着世界各地的游人和学者。雅典等地精心修筑的地下取水道，扣帕伊斯湖独特的排水工程星星点点分布在各地的圆顶王墓，令人惊叹不已。博物馆中珍藏的迈锡尼时代遗物，从金质王冠、面具、器物到精美的壁画及工具、武器，长时间拖住参观者的脚步。还有那曾隐藏着迈锡尼时代秘密的线形文字B泥版，似在诉说很久很久以前发生的故事。

那么，究竟是谁创造了迈锡尼文明？

谢里曼，这位对《荷马史诗》几乎每一个词都笃信不疑的人，认为如史诗所言，迈锡尼城的统治者是阿特柔斯家族。他甚至把出土的一具金面具认作是阿伽门农的。而研究结果表明，这面具在公元前1580年左右制成。这就是说，即使真有阿伽门农其人，那时他也尚未出生。另有人提出，迈锡尼的统治者们源自腓尼基。人们熟知的卡德莫斯寻找妹妹欧罗巴的故事，可能是腓尼基人来到希腊大陆的旁证。

对米诺斯文明的研究工作做出极大贡献的伊文思却认为，迈锡尼文明是米诺斯文明殖民扩张的结果。他指出，迈锡尼文明是突然出现的。随着生活的突然改变，使文化水平达到了克诺索斯新王宫初期末段（公元前1600年）的程度，居民从农民和牧人突然变成了市民、艺术家、商人、水手；无论男女都着米诺斯式服装，佩米诺斯式首饰，宗教上采用同样的器具和同样的信条；工具、武器、艺术品与克里特几乎一样；墓葬习惯也与克里特相仿，陪葬品十分丰厚。总之，迈锡尼人采用了在克里特已经有了几个世纪历史的生活方式。所有这一切都是突然发生的，发生在克里特新王宫和居地遭到普遍毁灭之际；同时，爱琴诸岛的米诺斯文明居地复苏，建起了新的殖民地。伊文思认为这种突然的"米诺斯化"，只能解释为米诺斯人对希腊地区的控制、殖民。他认为，希腊大陆上原来的居民起初与米诺斯殖民者和平共处，继续以往的生活方式；但在后来，本地人就起来反抗，一举推翻米诺斯人的统治，建立了阿该亚人的王朝。他坚持说，这段历史可以在传说和《荷马史诗》中觅得踪迹。他对迈锡尼人的好战精神及对武器的偏爱也作了解释，认为这是米诺斯人统治者身处异乡臣属中间，感到易受损伤所致。

瓦西的意见与伊文思正好相反。瓦西毕生致力于迈锡尼的考古发掘工作以及对古典语言、艺术和史前史的研究。他承认，希腊大陆的中青铜文化受到米诺斯文明的很大影响；但又强调指出，这两个文明的基本点不同。迈锡尼人富有组织性，他们的思想已经发展到了具有抽象思维能力的较高水平，已能用自己的法规解决问题。他们吸收外来的因素是为了加以同化，使之变为自己的东西。希腊大陆的特性基本上是侵略成性，尚武好战，从而产生了《荷马史诗》中所描述的英雄精神。在艺术上，迈锡尼人尽力忠实仿效米诺斯风格，又突出男子气概与好战精神，但在其他领域仍保持自己的抽象风格。至于为什么是突然发生了变化，瓦西解释说，公元前1600年前后，中青铜时代的希腊大陆居民成功地战胜了米诺斯舰队，烧毁了克诺索斯王宫，把战利品、艺人、手工匠人带回大陆。但是，这种说法面临一个不能回避的难题：研究结果表明，公元前1600年克里特的灾难是大地震造成的，而不是什么人为的结果。

还有人提出，中青铜时代的大陆人去埃及参战，返回时带回了金器和当地的墓葬习惯，使大陆希腊生活发生了巨变。也有人认为，迈锡尼的繁荣靠

△ 迈锡尼遗址

的是广泛、和平的贸易而不是劫掠，也不是来自埃及的黄金。

线形文字B文献释读成功以后，迈锡尼人是希腊人已不成问题。但是，迈锡尼世界突然出现的权势和财富，其原因仍是个谜。所以，芬利认为，变化是显而易见的，但并不一定要有移民才造成变化，因为没有更充分的证据能说明移民的事。他认为，在大陆希腊青铜时代早期及中期，各个文化中心都有移民，致使人口增长。在这种情况下，要区分新来者与原居者是不可能的。

同样，在文化发展、文化成就上要作这种分别也不可能。总之，人们各自以不同的方式对迈锡尼文明作出了贡献。这也包括希腊大陆以外的克里特、基克拉迪和小亚细亚居民。他指出，公元前18世纪时，克里特对希腊大陆没有太大的影响，物质材料不能表明克里特文明对迈锡尼文明有决定性的影响。

究竟是谁创造了迈锡尼文明，争论尚在继续着。

迈锡尼文明毁灭之谜

△ 被称为迈锡尼城堡的正门——狮子门

从1876年起，迈锡尼城门上的一对石狮子再也不可能寂寞了。谢里曼等人在城内发现的墓圈，使世人的眼界大开。300多年来"多金的迈锡尼"城似乎又活生生地展现在人们面前。古代希腊世界迈锡尼文明的重要遗址陆续被发现，梯林斯、派罗斯、雅典……到了1952年，M·文特里斯宣布他对迈锡尼时代的泥版文书已释读成功，证实它们是希腊语文字。至此，爱琴文明的这部分历史是讲希腊语的人的历史。这得到了当前历史学界的公认。面对迈锡尼文明时代王宫的残垣断壁，目睹令人惊叹不已的王室宝藏，人们情不自禁地要问，如此辉煌的文明，何以毁灭了呢？

要回答这个问题，还真不容易。因为可靠的文字资料实在太少，线形文字B泥版文书和《荷马史诗》所提供的信息过于简单；考古发掘能给我们一些启示，但要把不会开口的遗址、遗迹、遗物唤醒，也有相当的难度。

依据《荷马史诗》，我们了解到在特洛伊战争之前，希腊北方的游牧部落就从北部和西北部进入了迈锡尼世界；战后，他们继续向迈锡尼世界纵深推进。赫拉克利斯的子孙和多利亚人从伊庇鲁斯到达了罗德斯、科林斯和都德坎尼斯诸岛，还有些人到了克里特。古希腊著名历史学家修昔底斯也提到赫拉克利斯的子孙在特洛伊战争之后两代，即80年后返回伯罗奔尼撒。于是有人认为，正是这些南下部落的入侵，导致了迈锡尼文明毁灭，特别是其中的多利亚人更是祸首元凶。

与此认识相反，哈蒙得、丹尼尔等则指出，在西北方的入侵者来到之前，迈锡尼世界已经衰落。至公元前13世纪后期，迈锡尼文明的统治已开始动摇。迈锡尼文明时代的居住地有的毁灭，有的荒弃，不少城市加强了城防工事。公元前12世纪的居住地有320个之多，但在公元前11世纪仅有约40个左右继续有人居住。总的趋势是迈锡尼文明地区的居地数锐减，人口稀少，但没有哪一地区是完全被放弃的。一切迹象都表明，迈锡尼文明已经走上了末路。从考古资料看，公元前13世纪期间，多利亚人并未进入希腊世界，直到迈锡尼文明的不少城市已经变成废墟的很长一段时间以后，多利亚人才涉足此地。因而，公元前13世纪末以来迈锡尼文明连遭毁灭之灾，不能归咎于多利亚人，多利亚人面对的是一个已经不可避免要毁灭的世界。

考古资料也没有为当时多利亚人到来的说法提供物证。于是柴德威克从研究古文字入手，提出大胆假设。他指出，神话传说中关于赫拉克利斯服12年苦役的故事，反映了多利亚人臣属于迈锡尼人的历史事实。多利亚人早就遍布在迈锡尼世界各地，只不过他们是被统治者——赫拉克利斯的子孙返回伯罗奔尼撒，则道出了多利亚人推翻迈锡尼人的真情——不存在所谓多利亚人入侵，只是内部的阶级斗争。以派罗斯为例，胡科讲到，公元前13世纪中叶，希腊大陆上城市与城市之间，城市内部的阶级与阶级之间，矛盾重重，斗争激烈。派罗斯的经济问题很严重。青铜不足用，青铜加工业已衰落。国家经济组织已疲惫不堪，税收不齐，经济亏空。土地不足分，不能满足经济发展之需。有的人投机致富，国家却只能靠积蓄的产品度日，要么就从地方额外征收黄金。当时神权也受到挑战，村社不按祭司要求行事；有的人甚至敢于不履行宗教义务。中央的高度集中化也由于其他部门或其他国家的过分压力而受到了破坏。在这种形势下，派罗斯的王宫已是岌岌可危。

这一切可能是导致派罗斯毁灭的主因。

还有人认为祸根是天灾。波伊宗研究认为，那时发生了连年的干旱。天

△ 迈锡尼古城

灾造成食物短缺,人口减少,大量小村庄被放弃,王宫经济发生危机。

特洛伊战争很可能是迈锡尼世界联合行动寻求经济出路的一次远征。但事与愿违,10年海外苦战,耗损了他们自己的巨额财富,激化了国内的各种矛盾,使经济危机加深,也加速了迈锡尼世界走向灭亡的步伐。

还有人提出,迈锡尼文明遗址中有几个是毁于火灾的,不知是什么原因引起的大火。猜测者的目光又投向了活跃于东地中海的海上民族,并且认为是他们破坏了小亚细亚、叙利亚、巴勒斯坦、埃及各地许多城市,促使赫梯帝国灭亡,埃及帝国衰弱,当然也影响到迈锡尼世界。米隆那斯等甚至说当时的派罗斯有一支装备着二十条船的大舰队,可终于没有抵挡住海上侵略者。

但是反驳此说的人指出,海上民族在公元前13世纪时并未进入希腊。从泥板文书中看,在派罗斯陷落之前,国家除了正常的换防之外,并无任何特殊的军事行动。虽然曾有划船手集中之事,但可能是去履行某种公务,或是去贸易,而不是去打仗,因为他们是从各地抽调来的。关于舰队之说也查无实据,唯有推测而已。还有令人不解的是,派罗斯王宫没有防御工事。如果说派罗斯的灭亡或许是失之大意,那迈锡尼、太林斯等地不仅有巨石筑就的高墙,而且有保证战时水源的设施,可谓森严壁垒,却也没能免于灭亡。殊途同归,迈锡尼文明毁灭了,到底为何,众说纷纭。解开此谜,只望更多的资料重见天日。

南极古地图为谁所绘

1995年圣诞节，来自美国各州的权威地理学家和史学家会聚一堂，面对神奇的南极古地图发出一声声惊叹：难道古人的测绘技术已超过现代人？

据航海史记载，人们发现并登上南极洲大陆考察、勘探，绘制南极洲地形图，全是1820年以后的事，离现在仅仅100多年。但令人难以置信的是，有人在距今约450年以前就已绘制出了南极地图，并与采用先进的空间技术测绘的南极地形图一样完美无瑕。这就为我们留下了一个地理和地图研究史上的谜案。

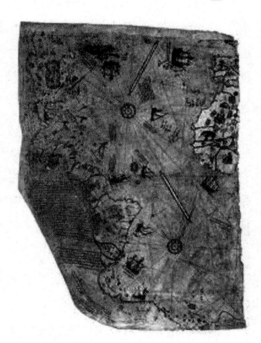

△ 南极古地图

经世界考古学家、地理学家和史学家证实，现今保存在土耳其伊斯坦布尔的托普卡比王宫中的南极古地图，是皮里·雷斯亲手绘制在羊皮纸上的杰作。雷斯是16世纪土耳其著名的海军上将，但他早年却是一名横行于海上的大海盗，后效忠于土耳其皇家海军，青云直上，地位显赫。雷斯一生极富传奇色彩，以海上探险为乐，为土耳其开拓海上"地盘"做出过卓越的贡献。当然，最令现代地理学家惊叹的是他那幅南极地图。要知道在当时，有关未知的"南方大陆"如神话一般，人们只是对它传说、猜测、争议，并不知它的确切位置。

包括雷斯在内的海上探险家，都希望能找到这个"南方大陆"。可是在一次又一次的寻找失败后，人们甚至认为"南方大陆"纯属子虚乌有。与此同时，雷斯却绘制出了这份南极地图。可想而知，他这一杰作，是无人问津的。于是，雷斯的南极地图被打入"冷宫"长达400多年之久。

直到1956年，人们已对南极进行了无数次科学考察，才意外地从"冷宫"中发现了南极古地图。人们在惊讶之余，将这些南极古地图送到了美国绘图专家阿兰顿·莫勒里的手中，让他做出权威性的鉴定。莫勒里惊奇地发现，在这400多年前绘制的地图上，南极洲的地形特征竟与1949年测定的南极地形轮廓如出一辙。

尽管莫勒里的鉴定具有权威性，但还是有不少的学者怀疑南极古地图是一个骗局。于是，这批南极古地图又被递送到了美国威斯顿天文台，莱汉姆台长邀集许多专家对古地图作了细致的研究和全面鉴定，认为该图确系那个年代的产物。此外，他们还在柏林国家图书馆找到旁证，发现馆内两本绘有地中海等地区的古地图上，也见到了皮里·雷斯的署名，说明雷斯当年确实绘制过一批地图。

雷斯能凭空画出如此详细精确的地图吗？这使南极古地图之谜变得更加扑朔迷离。

学者们认为，这批南极古地图精确得令人不可思议。首先，古地图上的南极洲，是冰川覆盖下的实际海岸线和冰川覆盖下的内部地形，这些都与现代人们利用回声波探测到的资料完全一致。其次，图中标出的山脉、高峰也明白无误。更难想象的是，古地图上甚至对那些至今人们尚难以勘探到的地方也画得十分精致：如图上标明的一条南极山脉，直到20世纪50年代以后才被发现。而在雷斯那个年代，不可能有如此先进的技术可以探测到冰川覆盖下的地形的。

开始，学者们也曾对南极古地图上标出的河流表示怀疑：认为在这千里冰封、万里雪飘的"冰雪大陆"，终年天寒地冻，怎么可能有河流存在呢？后来经地质学家研究表明，那时的南极洲尚处在冰川时期之前的温存时期，百川竞流，草木葱茏，充满了勃勃生机。

这就是说，雷斯所绘制的南极地图，实际是反映了南极洲被冰川覆盖之前的远古时期的地形地貌。那么问题又来了：一个16世纪的人，又怎能凭空画出6000年以前的南极地图呢？

人们的怀疑最终有了新的发现。一些专家终于找到了雷斯绘制南极地图的说明。原来，雷斯绘制南极地图时曾参阅了20份海图。其中，有8张海图是公元前留下的。这一发现虽然可以解释学者们的疑问，但又出现了新的问题：在远古时期，是谁绘出了南极大陆地形图呢？难道是当时的原始居民所为吗？旧的问题解决了，摆在学者们面前的又是一团新的迷雾。自从有了人造地球卫星遥感拍摄术后，人们又惊奇地感叹，南极古地图竟与卫星拍摄的地球照片极为相似。据此，查理德·哈普古德教授指出：雷斯的南极古地图一定是一张高空拍摄照片的复制品。其他学者的研究也表明，正是由于"高空摄影效应"，那些古地图上的南极洲才会被奇怪地拉长，而这与美国月球探测器拍下的地球照片的特征刚好吻合。

此外，许多学者还发现，以南极古地图为代表的一批古地图，它们共同的特征是准确的坐标和对经度的认识，而且应用了极其精密的大地测量仪器。这里又出现了一个新的疑案，如果史前人类真的已经掌握了如此先进的技术，那么进入有史年代后又为何消失了呢，难道地球上的人类也经历过一次像恐龙灭绝那样的浩劫？但目前还没有发现这种迹象。

在百般无奈的情况下，一些欧美的学者又将话题转移到外星人的身上，认为这是外部文明世界的智能使者在10000年前送给地球人的礼物。然而，这毕竟是一种猜想和推测，难以令人信服。神秘的南极古地图，也许将是一个永恒的谜。

日本武士道精神始于何时

　　1912年9月13日，日本为明治天皇举行隆重的葬礼，就在这天，传来一个令人震惊的消息：日本陆军大将乃木希典为表示对天皇的绝对效忠，竟与其夫人双双剖腹自杀于寓所，开创了日本近代武士剖腹效忠的先例。此后，乃木被树为日本军人的偶像，这就是被日本统治阶级大加吹捧的所谓武士道精神。

　　武士道精神是日本武士军人特有的一种精神，这种特有的武士道精神始于何时呢？

　　不少日本学者认为武士道精神最早始于日本大化改新，公元7世纪，日本发生大化改新，进入封建社会，逐渐形成了一个特殊的阶层，即武士阶层。

　　武士道精神是伴随着武士阶层的产生而出现的，作为武士，要讲究忠勇、善于杀伐、节义律己、视死如归，一旦战败时，宁愿剖腹自杀也不能当俘虏受辱，以此表示对主子的绝对忠诚。

　　大化改新后的一二百年间，随着皇权的衰弱，地方豪强势力兴起，为了保卫自己的庄园，豪强把自己家族和仆人武装起来，组成一种血缘关系和主从关系相结合的军事集团，武士不仅负责保卫庄园，而且还是统治阶级借以镇压人民起义和平息地方贵族叛乱的重要武装力量，从此，日本武士集团开始活跃在日本的政治舞台上。

　　一些日本学者认为，大化革新后，虽然出现了武士阶层，但尚未形成武士道精神，武士道精神的形成应始于日本幕府统治时期。

　　在封建社会，日本各个武士集团之间经常展开混战，到11世纪，关东的源氏和关西的平氏成为日本最大的两个武士集团，1185年，源氏击败平氏，控制了中央政权，1192年，源氏集团首领源赖朝取得"征夷大将军"的称号，建立起将军幕府的统治，这时的天皇已成为将军的傀儡，而各地的封建主纷纷投靠幕府。从此，日本开始了600多年的武家统治，即幕府统治时期（1192-1867年）。

为了控制和管理武士，幕府统治者制订出各种规章细则，把武士的思想作风和行动准则用法律的形式固定下来，1232年，镰仓幕府公布武家法规《御成败式目》，共51条。《御成败式目》的核心是强调"忠、义、勇。"所谓"忠"，就是下级武士要对主君绝对效忠，盲目服从，而主君则对家臣有生杀予夺之权。《御成败式目》规定武士必须敬神崇佛，提倡僧侣式的自我修养，以培养武士的愚忠精神，所谓"义"，即武士应有"义烈"的精神。在战争中，主君如果战死，武士要为主子殉死；主君如果战败，武士为挽回战败而招致的耻辱，应毫不畏惧地切腹自杀，视死如归。所谓"勇"，就是指封建武士不仅应娴熟"弓马之道"，而且更应为主君卖命。武士必须常年佩刀，以杀伐为荣，宣扬日本刀不见血不是真正的武士，武士道实际上是把儒教、佛教禅宗和神道思想三者融为一体的大杂烩，是军事封建专制主义的产物。

还有一些日本学者认为，幕府统治时期只是用法律的形式规定了武士的思想作风和行动准则，强调武士为主君卖命，尚未形成武士道精神，日本武士道精神的真正形成应始于明治维新。

18世纪以后，幕府政体逐渐衰落，武士阶层开始分化，一些下级武士逐渐脱离主家，改行从事教育、商业、手工业等，成了反对幕府的主要力量。

1867年，以下层武士为主的倒幕派，迫使幕府将军德川庆喜还政于明治天皇，次年建立了资产阶级政权，日本逐步进入资本主义社会，明治政府成立后实行了一系列的改革，即"明治维新"，其中一项重要的内容就是对为数众多的武士阶层进行改造，政府取消了武士享有封建俸禄的特权，废除武士佩刀制度，改武士为"士族"，旧日庞大的封建武士阶层宣告瓦解。明治政府将封建时代对领主将军的效忠发展为对天皇的愚忠，在军队内外大力宣扬"武士道精神"，百般予以美化，甚至将其冒充为日本民族的固有精神。

明治政府成立之初，大肆宣扬"天皇系天照大神的子孙"，是"神武以来万世一系的天皇"。1882年，明治政府颁布了《军人敕谕》，规定军人必须兼备"忠节"、"礼仪"、"武勇"、"信义"、"朴素"等五德，提出了具体的"武士道精神"。在日本政府审定的小学教科书第一册里，宣扬了在甲午战争中一个饮弹待毙仍坚持吹号，最后喊着"天皇万岁"死去的士兵的故事。第二册里宣扬了在日俄战争中死去的广濑武夫中佐的故事，广濑被宣传为"军神"而加以供奉。至于乃木希典，因他在日俄战争中强迫士兵实行"肉弹"攻击，即以士兵的血肉之躯攻占了旅顺，更被宣传为"圣将"、"皇国军人的表率"。后来他又为明治天皇剖腹尽忠，他的事迹一直当作日本军人的楷模，被宣传了几十年。

在第二次世界大战中，日本武士道精神与法西斯主义、军国主义相结合，发展到了顶峰。1943年下半年，日本在与美国争夺太平洋诸岛战役中，惨遭失败，但日本困兽犹斗，日本当局要求全体官兵和国民作最后的抵抗，在日本海军中曾出现由军人自愿组成的所谓"神风特别攻击队"，参加"攻击队"的飞行员驾着满载弹药的飞机企图撞击敌舰，与敌同归于尽。许多飞机尚未接近敌舰，便葬身于大海。1944年，塞班岛战役中，日本守军上自司令南云中将，下至普通士兵，4.3万人几乎全部战死或自杀。岛上日本居民的2/3（约2.2万人）在"向天皇尽忠"的武士道精神的指导下，毫无必要地自杀，有的妇女甚至背着孩子从悬崖上跳入大海自尽。此情此景，令攻占塞班岛的美军不寒而栗。

1945年8月，日本政府宣布无条件投降，日军上层人物自杀者多达572人，其中剖腹自杀的著名人物有：原铃木内阁的陆军大臣、大将阿南惟几，原东条内阁厚生大臣、军医中将小泉亲彦，以及号称"海军特攻之父"的海军中将大西泷治郎等人。

日本武士道精神以盲目的忠诚和服从为中心，被统治阶级利用和宣传，毒害甚广，迄今在日本还有一定的影响力，它表明日本近代的资产阶级革命带有很大的不彻底性。

《几何原本》何时传入中国

也许这算不上是个谜。稍具文化修养的人都会告诉你，欧几里得《几何原本》是明末传入的，它的译者是徐光启与利玛窦。但究竟何时传入，在中外科技史界却一直是一个悬案。

著名的科技史家李约瑟在《中国科学技术史》中指出："有理由认为，欧几里得几何学大约在公元1275年通过阿拉伯人第一次传到中国，但没有多少学者对它感兴趣，即使有过一个译本，不久也就失传了。"这并非离奇之谈，元代一位老穆斯林技术人员曾为蒙古人服务，叙利亚一位受过高等教育的宗教徒爱萨曾是翰林院学士和大臣。波斯天文学家札马鲁丁曾为忽必烈设计过《万年历》。欧几里得的几何学就是通过这方面的交往带到中国的。14世纪中期成书的《元秘书监志》卷七曾有记载：当时官方天文学家曾研究某些西方著作，其中包括兀忽烈的《四擘算法段数》15册，这部书于1273年收入皇家书库。"兀忽烈的"可能是"欧几里得"的另一种音译，"四擘"是阿拉伯语"原本"的音译。著名的数学史家严敦杰认为传播者是纳西尔·丁·土西——一位波

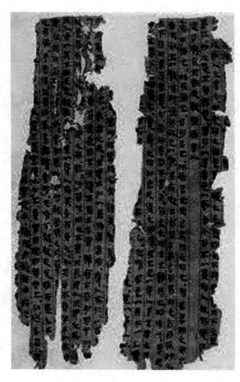

△ 《几何原本》

斯著名的天文学家。

有的外国学者认为欧几里得《几何原本》的任何一种阿拉伯译本都没有多于13册，因为一直到文艺复兴时才增加了最后两册，所以元代时就有15册的欧几里得的几何学之说似难首肯。

有的史家提出原文可能仍是阿拉伯文，而中国人只译出了书名。也有的认为演绎几何学知识在中国传播得这样迟缓，以后若干世纪都看不到这种影响，说明元代显然不存在有《几何原本》中译本的可能性。也有的学者提出假设：皇家天文台搞了一个译本，可能由于它与2000年的中国数学传统背道而驰而引不起广泛的兴趣。

真正在中国发生影响的译本是徐光启和利玛窦合译的克拉维斯的注解本。但有人认为这算不上是完整意义上的欧几里得的几何学。因为利玛窦老师的这个底本共15卷，利玛窦只译出了前6卷就认为已达到他们用数学来笼络人心的目的，于是没有答应徐光启希望全部译完的要求。200多年后，后8卷才由著名数学家李善兰与美国传教士伟烈亚力合译完成。也就是说，直到1857年这部古希腊的数学名著才有了完整意义上的中译本。那么，这能否说《几何原本》在完整意义上的传入是发生在中国近代呢？

近代化学著作何时传入中国

近代化学知识的流向中国，对于化学理论的研究、工业生产技术的提高都具有重要的推动作用。近代化学何时传入中国，历史学界、化学界众说纷纭。

一、明朝末年说。持明朝末年说的学者认为在当时来华传教士中，耶稣会士显得人才济济、实力雄厚。很多人拥有先进的科学知识。他们曾介绍了西方的物质理论和实用化学技艺。1626年，意大利耶稣会士高一志著有两万多字篇幅的《空际格致》一书，讲解了亚里士多德的四元素说，详尽地讨论了土、水、火、气的各种形态与特性。由德国传教士汤若望口授、焦勖记述的《火攻挈要》介绍了各种火药的配方，用了各种不同的比例配制来适应兵器的特性。也有的学者认为，近代化学是经过18世纪的罗蒙诺索夫、普利斯脱里、社勒、拉瓦锡，直到19世纪初期的道尔顿等人的努力，才成为系统化的科学。因此，明朝末年的17世纪，西方传教士带来的只是一些欧洲早期的化学知识。

二、同治年间说。1930年，陈文哲和虞和钦在郑贞文著的《无机化学命名草案》一书的序中，认为中国讲近代化学最早的书应在清末同治年间。1935年，曾昭抡在《二十年来中国化学之进展》一文中认为："考西方化学之入中国，实始于同文馆时代。在当时始有西方化学书之翻译。"有的学者认为，近代化学传入我国不应当那样晚。原因是硫酸、硝酸等化学药品在欧洲早就大量使用；氢气、氧气、氯气在18世纪后期都已被发现；原子论在19世纪初期就建立了，近代化学完全有比同治年间更早传入的可能性。

三、咸丰年间说。咸丰五年（1855年），英国传教医师合信曾著有《博物新编》一书，包括了天文、气象、物理、动物等各领域内容。其中第一集介绍了近代化学知识，指出化学元素有56种，具体介绍了养气（氧）、轻气（氢）、淡气（氮）、碳气（一氧化碳）以及磺强水（硫酸）、硝强水（硝酸）、盐强水（盐酸）等性质和制造方法。它比同文馆出版的《格致入门》要早13年，比江南制造局出版的化学书如《化学鉴原》等要早近20年。杜石然等编著的《中国科学技术史稿》称："第一本对西方近代化学知识进行介绍的书，根据现在已知的材料来看，要以英国医生合信所编著的《博物新编》为最早。"这一部书就可以推翻近代化学始于清朝同治之说。然而，是否还有比《博物新编》更早的介绍近代化学知识的内容呢？

四、鸦片战争前后说。鸦片战争前后这一时期，被雇到洋船上或在夷馆里工作的中国工人和商人，接触了化学品和医药品，并从洋船的技工和医生那里获得了最初的化学知识。在他们中，流行着最早的通俗化学译名，如像磺强水、硝强水、盐强水、养气、轻气等，成了最早的化学传播者。傅兰雅在江南制造局翻译化学书籍、寻找名词时也认为"可访问中国额商或制造或工艺等应知此名目等人"。同时，也有少数知识分子在试用化学药品。在19世纪40年代，作为近代化学的基本物质无机酸类，在中国已经有人使用了。袁翰青以此做出结论："近代化学的传入我国是在鸦片战争前后这一时期，这一推测应当是离历史事实不会太远的。"

近代化学传入中国时间的末端或界限究竟在哪里呢？谜的魅力就在于永远诱惑着我们去探寻。

《摩西》雕像的原型到底是谁

雕像《摩西》——意大利文艺复兴时期艺术大师米开朗琪罗闻名于世的杰作，画面上摩西以沉思和明哲的神情出现在世人面前，他那充满睿智和活力的脸部，鲜明地反映着爱与恨，这两种人类不同的情感，米氏传记的第一位作者瓦扎利说：该雕像人物构造之精巧，超过了任何古希腊、古罗马的人物造型；米氏传记的第二位作者科尼迪维则赞誉道：这是在罗马能看到的最杰出的艺术品。米开朗琪罗自己也说过这样的话："我用最理想的方式来表现我对这位先知原型的敬仰之情。"人们当然会问：那么摩西雕像的原型是谁呢？

有的说原型是教皇尤里二世，自从尤里成为新的教皇后，即召米氏去罗马，一位做建筑师的朋友把雕塑家推荐给了尤里二世，据专家们考证：尽管他们两人的关系不很融洽，但如果没有尤里二世，米氏未必有机会施展其全部的惊世之才，尤里二世将文艺复兴的中心从佛罗伦萨移到罗马，使艺术达到了盛期。尤里二世为使自己永垂不朽，决定为自己建造一座举世无双的陵墓，并派米开朗琪罗到采石场挑选大理石；尤里二世还常与米氏谈论陵墓的事，并商定其中的雕像要各有含义，都是圣徒、英雄。因此，米氏极有可能以尤里二世为原型。又据苏联艺术史家考证，许多著名人物都成了米氏的模特儿。如但丁、科隆、教皇尼古拉三世、克列门七世和保罗三世等，尤里二世当无例外。

有的学者以为米开朗琪罗本人是摩西雕像的原型，米氏的许多雕像，无法在实际生活中找到相似的形象，在鉴赏米氏的雕塑艺术时只有深刻了解了大师所处的时代、个性方可入门。我国学者左庄伟在《西方裸体艺术鉴赏》一书中指出："米开朗琪罗所创造的这些典型，并非生活中模特儿的再现，而是存在于大师心目中的形象，是他自己个性的再现，要在一个艺术家心中找到这样的典型形象，艺术家本人必须是个热爱正义、坚强勇敢、不畏强暴的英雄，是个生性孤独，好深思，慷慨豪放，容易激动的人，当时他周围尽是欺诈与压迫、专制与不义，自由与故土受到摧残，连自己的生命也受到威胁，觉得活着不过是苟延残喘，他既不甘屈服，只有整个身心逃避到艺术中去；在备受奴役的沉默之下，艺术家的伟大心灵和悲痛的情绪只有在艺术中才可尽情倾诉。"因此，包括摩西雕像在内的不少作品就是米氏本人伟大心灵的产物。还有的学者、专家甚至把摩西说成是宇宙物质的化身：头发代表火焰，胡须代表水，身躯和衣服代表岩石。照这样看来，摩西雕像是一个抽象概念的结合体，代表了一种意念，它无法在生活中找到原型。有的则声称找到了摩西同西克斯丁教堂里的先知的某种联系，但未能进一步提供出有力的证据。在摩西原型是谁的争论中，还广泛流行着这样一种说法：米开朗琪罗在成功地塑造了青年"大卫"之后，在塑造"摩西"的过程中，又把"大卫"的许多特征揉进了年老的"摩西"之中，有不少艺术家对这种说法持肯定态度。经对两座雕像的对比分析，发现两者在不少细微的方面有某种相同之处，如紧锁的眉头、眼睛的结构、瞳孔的转动方向等，这说明"摩西"是以"大卫"为原型的。

苏联学者哥洛维尼根据自己的研究成果，提出了一个新观点："摩西"的原型是瓦扎利写的《最伟大的画家、雕塑家和建筑师传记》一书中所论述的大画家达·芬奇。他首先采用犯罪侦察学和人类学的分析方法，通过对"大卫"和"摩西"脸部正面的各种数据的比较，证明这两张脸完全不同，而对两人脸的侧面的比较更说明了这一推断的正确性。"大卫"的上唇前突，盖过下唇；而"摩西"的下唇前突，前者的鼻尖明显下收。

哥洛维尼认为"摩西"原型是达·芬奇的理由有3条：一、当时的艺术理论家后扎列夫指出，"米开朗琪罗无论如何也不会摆脱达·芬奇的影响"。1501年至1505年，两人都住在佛罗伦萨，1513年至1516年，达·芬奇居于罗马，在梵蒂冈的贝尔维捷拉教堂工作；米氏则在罗马圣彼得广场附近的画室潜心塑造"摩西"，两位艺术家天天见面，达·芬奇虽比米氏大23岁，但他总是怀着敬意去对待那些"有才能的人",尽管他们之间存在着激烈的竞争。此外,在文艺复兴时期,意大利的大师们一向崇尚在自己的创作中表现艺术世界的伟人,米氏继承了这一优良传统,在创作"摩西"的过程中,自然地渗入了达·芬奇的形象。二、达·芬奇出奇的漂亮,有无可争议的仪表风度,体态潇洒,有吸引人的力量,米氏把达·芬奇塑造成《圣经》中的先知不仅仅是因为他外表的壮美,古哲学家、亚历山大的斐洛称"摩西"为"最伟大的和完美的人"。歌德则指出:"达·芬奇是全人类的楷模。"因此在选择"摩西"的原型时,雕塑家米开朗琪罗不但考虑了达·芬奇那"崇高的美",而且考虑了他那非凡的优秀品质。三、从人类学的角度分析,也能证得此说,达·芬奇有两张借助镜子画的自画像,侧面、正面各一幅,其精确性很高。

再仔细看看"摩西"脸的正面和侧面,就会发现达·芬奇的像和先知"摩西"雕像的正面和侧面完全一样:平缓高阔的额头有明显前突的弧形;鼻梁凸起、鼻尖下收;撅起的双唇,深陷的眼睛,健壮的脖颈,就连鼻根部的皱纹、宽大的颧骨、鼻骨所组成的菱形平面及十分前突的下唇也极为相像。按罪行调查学家方法绘制的比例线仔细研究达·芬奇自画像和"摩西"雕像,更证实了作者的推断:达·芬奇和摩西雕像的脸是相同的。至于"摩西"的胡子,这不过是"雕塑转变为绘画"的现象罢了。雕塑家加长了达·芬奇波浪状胡子的长度,因此,"摩西"的原型只能是达·芬奇。

摩西雕像的完成时间约在1513年至1515年之间,在漫长的470多年中,有关"摩西"原型的推断仍旧是各种假说,尤里二世说、米氏本人说,物质化身说、达·芬奇说,究竟哪一种说法更为接近事实呢?这场争论势必还会继续争论下去。

圣女像的瞳孔为什么会变化

在墨西哥的格德罗普大教堂内的祭坛上，有一幅圣女像。这幅栩栩如生的庄严的圣女像吸引了世界各地的游客前来观看。

这幅圣女像有何独特之处呢？原来独特之处在于圣女的一双眼睛。这双眼睛的瞳孔向所有的观望者们传情：她像有感觉似的变化，高兴时瞳孔会扩大；遇到憎恶或是反感时瞳孔会缩小。这如同心灵的窗口，向人们传达着她内心的微妙感情或信息。这幅圣女像引起了许多科学家的关注。美国物理学家坎格兰德教授在圣女前做了一场令人惊奇的试验：教授拿了一条毒蛇呈现在圣女像的眼前时，她眼中的瞳孔就突然缩小，像是感到愤怒和憎恶。当教授抱了一位漂亮、可爱的小女孩来到圣女的眼前时，她眼中的瞳孔突然扩张了；尽管她面无表情，哑口无言，但从她的眼神变化中，却透出了她内心的欢喜和愉快。这双眼睛真如同像中圣女的心灵之窗一样，看了令人惊奇。

△ 圣女像

这幅奇妙的圣女像出自何人之手，它又为何有如此动感及魅力呢？西班牙考古学家沙亚雷斯教授经过认真考查，发现这幅圣女像创作于16世纪30年代，出自印第安人之手。

美国摄影艺术家拉得里曼对圣女像做了详细的录像，他惊奇地发现：在她的眼中有奇怪的人影。另外一位画家卡洛斯在对这幅圣女像做认真临摹时，用放大镜仔细观察，也发现了眼中的怪人影。

这一发现几乎惊动了各国的科学家们，一些外科医生、五官科专家以及历史学家均来研究这幅圣女像。约有20多位专家来到格德罗普大教堂，他们用150倍的显微镜仔细观察，证实圣女像的眼睛中确实有人影，并且能辨认出是一位白发苍苍的印第安老人，他用右手捋着胡子，从他的神情上看，他像是在思考着什么问题。但圣女像眼神发出的光芒又从何而来呢，科学家们怎样才能从中寻找出答案？人们对几百年前印第安人的绘画技巧深感惊叹，认为这是当前绘画艺术家们望尘莫及的。他们是如何把人眼画活，并且做到画中有画的？这一点更引起了人们的关注。

美国的电脑专家汤姆拉普教授运用先进的电脑装置，把图像放大了3000倍，在圣女像的双眼中又有了让人惊奇的发现：她的眼中出现了15个人的图像：有做祈祷的半裸体印第安人，有手捋胡子的白发老人，有手拿帽子、披着披风的印第安老农，最引注目的是一位美丽典雅的印第安姑娘带着一群孩子在做游戏。这一发现更令人惊奇：在仅仅只有8毫米的圣女双眼中竟能画出如此多的人像，就是神工妙笔也难达到，而且画面上的人物生动活泼、形象逼真。这真是科学家们难以揭开的谜。

教堂的主管神甫告诉前来研究的科学家们：1973年8月的一天，他在做弥撒时发现圣女像的双眼流出了泪水，不久以后墨西哥北部就发生了地震。神甫之言，科学家们并不完全相信，认为他可能是在危言耸听，招揽更多的朝拜者。科学家是想要进一步研究、探索这幅神奇的圣女像是怎样绘制成功的。

为此，美、法两国科学家准备运用最先进的电脑分析仪来探测它绘制过程的奥秘。当时尚处在原始部落社会的印第安人不可能有如此先进的科学技术来绘制这幅令人惊讶不已的圣女像。那只有一种解释：这幅圣女像是否是地球外文明的杰作呢？此谜的揭开尚待严谨的科学家去探索。

智慧女神雅典娜为何从父身诞生

在希腊神话传说中，智慧女神雅典娜集其父母的智慧于一身，她的出生成为后代许多专家学者们研究的对象。

雅典娜是天神宙斯和智慧女神墨提斯的女儿。临产前墨提斯对宙斯说，将要出生的孩子一定会比宙斯更强壮、更聪明。宙斯唯恐降生后的孩子会危及他在奥林匹斯山的统治地位，于是他就将墨提斯吞到肚子里去了。不料，宙斯突然感到头痛欲裂，急忙让火神赫菲斯托斯用斧子劈他的脑袋，这时满身铠甲的雅典娜就从宙斯脑袋里呼叫着蹦了出来。这就是她那不寻常的诞生。

那么，雅典娜为什么不是脱胎于母腹，而是由父亲产出呢，她为什么偏偏从脑袋里蹦出来呢?

当然，对于神话，人们没必要探究其真实性，而应关注它的社会背景。长期以来，许多学者对此做了深入探讨，并从各种不同角度提出了不同的看法，归纳起来主要有以下3种:

有人认为，这段传说只是想说明雅典娜是宙斯的化身。在希腊早期神话中化身法是常用的造神手法。这种方法可使彼此孤立的神之间产生一种类似于人类的血缘关系，从而构成一定的体系，增强了神话的故事性和神秘色彩。

但是，更多的人则认为，这个传说反映了早期人类一定的历史状况。他们认为这段传说实际上反映了人类父权制开始取代母权制的情况。而且，雅典娜就曾经说过:"我不是母亲所生的人。我，一个处女，是从我父亲宙斯的头里跳出来的。因此，我拥护父亲和儿子的权力，而反对母亲的权力。"这意味着女人已经依附于男子，母权制已被父权制所取代。这种说法看来论证比较严密，但也是有漏洞的。这种观点如果要成立，还必须解决如下两个问题：第一、据传宙斯的妻子是宙斯的同胞姐姐，他们在洪水灾难中死里逃生，并结为夫妻。从这里可以明显地看出族内婚的痕迹，如果说父权观念在人类族内婚阶段就已出现那是绝对不可能的，第二、希腊父权制取代母权制是在英雄时代，这早已成定论。从神话描写中可看出雅典娜出生距英雄时代还有相当长的一段时间，是否能说这一过程自雅典娜诞生时已经开始，尚待探讨。

还有一种观点认为，这段传说应该与雅典娜在希腊神话传说中的地位和作用有关。雅典娜在希腊神话中是聪明过人的智慧女神，所以把她说成是智慧女神和天神宙斯的女儿。为了让雅典娜没有对手，神话的创作者又煞费苦心地让宙斯把这位老智慧女神吞进肚子里，于是聪明的母亲"隐居"了。这样一来，会更显示出其女儿过人的智慧。当然，这种推论虽然圆满地解释了这段传说中令人费解的情节，但没有涉及复杂的社会背景，是否正确也很难说。

上述3种观点各有道理，但都不能成为定论。之所以如此，可能有这样一些原因：第一、早期神话产生于非理性的、原始的心理状态；第二、神话本身具有两重性。其一是历史的、现实的，它是有其历史现实基础的；其二是虚幻的，即非历史的部分。两者交织在一起，因而神话中的历史与宗教、想象与现实的界限总是模糊的；第三、神话材料本身是"历史的"。人们只凭神话内容去断定其严格的时代概念是不可能的，也是不科学的；第四、历史本来就是极为复杂的。在理论上人们可以划出一些不同的历史时代，但严格说来也还是相同的。因此人们无法确定这些观点孰是孰非，这一问题的研究仍需时间。

谁是津巴布韦石头城的建造者

19世纪70年代，一个法国人宣称在欧洲的天津巴布韦发现了《圣经》所记载的所罗门王开采黄金的地方，结果大批狂热的淘金者纷纷涌向非洲的津巴布韦。当然，这些人没有找到他们渴望的黄金，疯狂的乱挖滥掘，却使一处人类古文化的宝藏遭到了严重的破坏，留下了让后人困惑的一个古文化之谜。

实际上，那个法国人所宣称的黄金宝地，是一座用花岗岩石垒起的城堡，最早的发现者是一位葡萄牙人。这处古文化遗址位于津巴布韦首都哈拉雷以南300公里处，全部遗址由内城、卫城和谷地残垣3部分组成，所有建筑物都用花岗岩砌成，面积达10000多亩。内城最为雄伟壮观，呈椭圆形，东北、南、北三面各有一个进出口，城墙高约6米，最高处为9米，底部城墙宽约5米，顶部宽为2.5米。城内被一些断壁残垣分隔成几个大小不等的围场，通道纵横交错，人在其中恰似走入迷宫一般，显得十分神秘。大围场东面矗立着一座11米高的实心石塔，不远处有一低矮的祭塔台。卫城建在离内城不远的小石山顶，依自然的山势而建。这里有一个举行祭祀的场所，在这里找到了如中近东的瓷器、阿拉伯的玻璃、中国的青瓷等文物。谷地残垣位于内城和卫城之间，散布着一些矮小的石屋，在这里发现了不少中国青瓷和阿拉伯、波斯的器皿。从现存的一些文物看，这曾是一座非常繁华的城市，农业、冶炼、外贸相当发达，与中国、阿拉伯、波斯等许多国家交往密切。

这样一座文明遗址会是土著非洲人建立的吗？一些考古学家认为这就是津巴布韦人民创造的，约在13~15世纪达到鼎盛时期；但一些反对者提出，非洲土著愚昧落后，不可能有如此高超的技术水平；而阿拉伯人则宣称，城内石塔的形状与清真寺的尖塔相同，当是来到此地的阿拉伯人建造的……究竟谁是谁非，难有定论。

谁焚毁了大流士的王宫

20世纪的三、四十年代，考古学家在伊朗发掘了古波斯帝国的旧都遗址，在遗址中发现了一处布满浮雕断壁、残留着宫门石柱的地方，经专家证实这里就是大流士的著名王宫。王宫的大门由巨石叠砌而成，上面雕刻着象征君主权力的带翼圣牛巨像，用岩石凿成的巨大平台长约500米，宽约300米，墙壁布满浑厚的岩石浮雕，描绘着国王、大臣、士兵和形形色色的纳供者，技艺高超，栩栩如生。王宫的殿堂由许多高达18米的列式石柱支撑，上架木质顶棚，宫内还有各式釉陶砖瓦、黄金象牙等制成的艺术品和各种壁画。这样一座奢华宏大的宫殿是怎样被毁的呢？在王宫遗址，考古学家发现了火烧的痕迹，焚烧的位置在正殿和藏宝库。因此可以断定，大流士王宫是被焚毁的。

但究竟是谁焚毁了这样一座壮丽巍峨的巨大宫殿呢，焚毁宫殿的人又出于什么目的呢？一些史学家普遍认为，大流士的王宫毁于马其顿的亚历山大之手。公元前330年，亚历山大在击溃大流士的军队后，曾挥师东进，企图一举摧毁大流士的政权。他的军队占领了波斯的旧都，在王宫内大肆掠夺，将宫内的宝藏洗劫一空，以至于在运输这些财宝时，不得不调集几千头骡马和骆驼。至于为什么对一座已是空空如也的宫殿还要纵火焚烧，则更是众说纷纭，不一而足了。有的史学家认为，这纯粹是一种报复行为，因为波斯人曾在雅典大肆破坏，烧毁庙宇，犯下了无数暴行。也有史学家认为亚历山大本意并没有焚烧宫殿的意思，只是在一次庆功宴上，醉酒以后受到雅典名妓泰绮丝的挑拨，一时性起，把这座宫殿在玩笑中烧掉了。还有人觉得这种说法不可信，王宫的失火不过是偶然发生的而已。看来大流士王宫的焚毁之谜，还需进一步的考证确认。

阿卡华林卡的脚印之谜

在尼加拉瓜有一个叫阿卡华林卡的地方，那本来是一处不为世人所知的穷乡僻壤，然而第二次世界大战以后，这里却成了一个为世人所关注的地方，慕名而来的考察者、参观者、旅游者络绎不绝，尼加拉瓜政府还把这里列为文物重点保护区。这一切的变化都是由于这里发现了一处古人类的足迹遗址。

这处被称为"阿卡华林卡脚印"的古人类足迹，由两个石坑组成，一个为正方形，另一个为长方形，坑深约3至2米，坑底平整，石头地面。就在这平坦整齐的石头地面上，印着一排排大小不等、深浅不一的脚印，而且都清晰可见。有的甚至连每个脚趾都能看得清清楚楚，就像人们在沙滩上或湿润的泥土上刚刚走过一样。有趣的是，在这些人的脚印中还夹杂着一些动物的脚印。据考古学家严格鉴定，这些脚印已存在6000多年了。

人们不明白，这些明晰可辨的脚印是如何印在坚硬的石头上的呢？一些考古学家是这样解释分析的，这里的石头原来都是由附近火山喷发出来的岩浆冷却后凝固而成的，而那些脚印则是在岩浆尚没有变硬时印上去的。可是人和动物又怎么能在滚烫的岩浆上行走呢？考古学家推断说，很可能是火山突然喷发的时候，人们正在睡梦中，没有一点防备，只好在火山喷发停止的间隙逃出家门，这些脚印正是惊恐的人们慌不择路时留下的。人之所以能在滚烫的岩浆上通过，是因为岩浆喷发后又有大量的火山灰喷洒在上面，起到了隔热的作用。但接下来的疑问又使人很难解释，当人处在很紧急的情况下，一定会大步奔跑，尽快离开危险区，但印在石板路上的脚印却是人在慢走时留下的，因为脚印间的距离很近，而且有的脚印很深，只有在负重时才能这样，这又是为了什么呢？

阿卡华林卡的脚印之谜，至今仍让前来这里参观的人浮想联翩。

令人震惊的泰国班清文化

过去人们一直以为在5000多年前，东南亚地区的人类是生活在原始的石器时代，但1974年美国与泰国的研究人员联合在泰国班清地区的考察，却使这一传统看法发生了改变。他们在这一地区共挖掘出土陶器、石器、金属制品达18吨，品种丰富多彩。在众多形状不一的陶器中，有在浅黄底色上绘着深红图案的，也有精心绘制着几何图案的，有制造技巧高超的细颈高花瓶，也有形状拙朴的矮粗大缸。出土文物中还有一件用象牙和骨头雕刻的人像，用玻璃和宝石制成的光彩耀人的串珠。

班清出土文物中最引人注目的是青铜制品，其制作技术也是不断创新的。在早期的墓葬中，出土的青铜锛和青铜手镯含锡量只有1.3％，制作工艺也较为粗糙，严格地说只能算是红铜制品。公元前1000年左右是班清文化的繁荣期，班清人制作了各种精湛的青铜手镯、项链、戒指和长柄勺，在一把长柄勺的勺把上，刻有栩栩如生的动物。此时青铜器的铜锡配比已较为科学，说明班清人已熟练掌握了青铜的冶炼和制作技术了。在晚期的青铜制品中，有用锡量高达20％的青铜颈圈，由于含锡量过高易碎，所以制作时必须锻打成多股再扭曲而成。此外班清还出土了一些铁器，有铁脚镯、铁手镯和铁包铜的矛头。

从班清出土的铜器看，至少在公元前3000年班清人就已掌握了青铜的冶炼技术，这就打破了传统的历史学家们的看法，认为青铜器最早起源于美索不达米亚平原的两河流域，冶金术是由西亚传到世界各地的。一些历史学家提出，班清文化是世界上最早的青铜文化，中国或中东的冶金术可能源于泰国高原地区。但泰国班清人是如何掌握青铜的冶炼技术的，而中东等地的青铜冶炼技术是否来自泰国，目前还是个未解之谜。

萨满教之谜

　　"萨满"是满语——通古斯语的音译，即巫的意思。南宋史籍就有记载，直到新中国成立前，东北地区的赫哲、鄂伦春、鄂温克、达斡尔等族仍然信奉萨满教，但萨满到底是不是一种宗教，却还存在着很大的争议。

　　现存大致三种意见：一种意见认为，萨满不是一种宗教，仅属于某种信仰；另一种意见认为，萨满虽然不是宗教，但具有宗教的功用，其思想体系既是哲学的也有医术作用；第三种意见认为，萨满教是宗教类型之一，具有宗教的内容和特点，萨满教把世界分为三界，天堂为上界，是诸神的居所；地面为中界，是人类的住所：地狱为下界，由鬼魔和祖先神所居。同时，认为宇宙万物、人间祸福由鬼神主宰，神灵赐福，鬼魔布祸。萨满教有专门的神职人员，有跳神的仪式，有全部族、全村、全屯的居民信奉，总之具备了教义、组织、仪式等宗教必备的要素。

　　如果说萨满教可以算是一种宗教的话，对于它属于何种宗教还存在着不少争议。有人把他归为原始多神教的一种，有人称其为巫教，也有人认定它是以天神为主的一种神教。萨满教分布的地域范围争议也很大。以前的人类学家把萨满教看做是一种世界性的宗教，认为萨满教不止局限于亚欧两洲北部的寒带诸民族之间，美洲的印第安人、马来群岛、中国的其他少数民族也都有萨满的遗迹，道教也是由巫转来的。而反对者则认为，上述观点夸大了萨满教的范围，很不科学，萨满教不过是自发宗教的一种，仅仅流传在满洲的通古斯族和西伯利亚的东北和西北部以及土耳其和沃斯替亚克诸民族之间。

　　总之，萨满教是一种充满疑问的文化现象。

杀害普希金的真正凶手是谁

1837年，俄罗斯近代文学的奠基人亚历山大·谢尔盖维奇·普希金在与法国男爵丹特斯决斗时中弹身亡。一个半世纪以来，世人无不为其意外早逝而遗憾。如若不然，这位伟大的诗人定会给后人留下更加丰厚的精神财富。

人们曾从各种历史书中了解到，向诗人举枪射击的凶手正是那个不学无术、放荡不羁的法国军官丹特斯。当其对准诗人胸膛扣动扳机的一刹那，他也就成了千古罪人。

但是，一些研究普希金的学者近来发现，有些过去被视为重要和

△ 普希金

有分量的东西正在隐退，次要人物和一贯被忽视的史料渐渐突显，展现在人们面前的历史已变成另外一个样子。这些"发现"的真实性如何？我们不妨看一看。

人们凭感觉把凶手丹特斯描述成一个十足的无赖和恶棍。事实上，这位法国军官与他的干爹——圣彼得堡的一位男爵是在德国相识的，并被迷恋上他的干爹带到了俄国。如同吸引干爹一样，丹特斯也吸引着圣彼得堡的上流社会。潇洒、英俊的他不仅以其丰富的学识、机敏的智慧、青春的朝气和乐

观豁达的生活态度赢得了达官贵人们的青睐，而且在上流社会的女人圈中也永远是一个成功者。如果不是与普希金决斗，射出那罪恶的一枪，丹特斯或许称得上是那个时代的宠儿。

现在很多观点也指向了普希金的妻子伊达莉娅，伊达莉娅无疑是昔日圣彼得堡最漂亮的女人，曾被誉为圣彼得堡的天鹅。尽管她已是3个孩子的母亲，丹特斯仍然疯狂地爱上了她。她与丹特斯虽是偷情，但却不乏真意。当丹特斯与普希金决斗后等待军事法庭判决时，伊达莉娅曾给他写信："我的朋友，我之所以恼怒，是因为我并非像您所想象的那样，会忘掉您的存在。您这样想，只能说明您并不真正了解我，因为我若爱上谁，就将至死不渝。"

普希金的妻子是俄国著名伯爵斯特罗加诺夫的私生女。尽管受其父影响，伊达莉娅从小就善于言辞，行为放荡。但从事普希金研究的专家学者至今无法证实，她缘何婚后不久就突然背叛了自己的丈夫。他们只能依据有限的资料提出各式各样的假说。

如今，有的学者提出，普希金冷落妻子，未能尽做丈夫的职责，这对妻子而言无疑是一种伤害。女人对这种伤害是不能原谅的。

近来，普希金最后一段时光的某些生活细节引起了一些学者的注意。普希金逝世前曾在乡下的秋日庄园逗留了一个半月，而且是在众多女人的陪伴之下度过的。风流浪漫是当时上流社会的生活时尚，普希金"更愿意居住在奥希波娃老夫人富丽而又温情脉脉的庄园里，正是为了与老太太风华正茂的女儿们及其表姐妹们谈情说爱"。

据说，新婚燕尔，普希金便对还沉浸在幸福中的娇妻炫耀自己与众多女友的交往，这对伊达莉娅自然是一个很大的刺激，并在两人的关系中埋下了芥蒂。

曾与诗人普希金相濡以沫的岗察洛夫和谢列缅杰夫还曾在回忆录中讲述了这样一个故事。一次，伊达莉娅当着宾客们的面，让诗人在她的影集上写点什么。客人们发现，她的口气与其说是请求，不如说是要求。普希金回答说，他不是在相册上撰文的专家。伊达莉娅听后恼羞成怒，大喊大叫起来。

诗人强压怒火，才同意为影集题词。第二天，在普希金家宾客如云的聚会上，女主人拿出了有诗人题词的影集，普希金赞美妻子的诗句被当场吟咏。诗人这首献给妻子的情诗写得相当华美。伊达莉娅在听诗时两眼放光，流露出极度的满足。岗察洛夫在回忆录中写道："我只知道，在这首诗中，普希金的每一行诗句都光彩夺目，犹如纯金环绕的钻石。"然而，后来发生的事情却让人们目瞪口呆。1小时后，一位仍然沉浸在诗境中的客人，在反复吟咏后终于有所发现，不禁高声叫喊起来："我的天，这是什么？！"当这位客人将他的发现指点给女主人看时，后者暴跳如雷，气急败坏，愤怒地将影集抛向门外。原来，普希金在诗后并未写上当天的日期，而是写上了愚人节的日子——4月1日。

这种戏弄远远要比众目睽睽之下的一记耳光还要让人难堪。以伊达莉娅的品性，她定要普希金为此付出代价。有人据此认为，诗人的悲剧是由其妻一手策划并与她的亲朋共同实施的。

即使是在普希金死后，这个圣彼得堡的美女也未能扫除心中对诗人的仇恨。当她得知奥得萨的一座诗人雕像落成后，狂叫着说，她要到奥得萨去，向普希金的雕像唾上一口。这一点也成为持上述看法者的证据。

但也有人从普希金给伊达莉娅娘家的书信中找到伊达莉娅不可能是害普希金的原因。

至此，普希金的死因仍然众说纷纭，没有哪一种真正成为定论。

凡·高自杀之谜

凡·高是一个疯狂的天才，他以独树一帜的画风、荒诞不经的行为和对艺术的热烈追求，震惊着后世。尽管他生前穷愁潦倒，默默无闻，但死后却受到艺术界和收藏界一致的推崇。他被公认为西方现代绘画艺术的杰出代表，被20世纪"野兽派"和"表现派"画家尊奉为导师。他的遗作在世界各地举行的名画拍卖交易中屡创新高，成为收藏家眼中最抢手的猎物。

一、白痴天才

1987年3月23日，伦敦街头春寒料峭，克里斯拍卖行内却是一派热气腾腾的景象。

大厅里挤满了人。世界各大博

△ 十六岁的凡·高

物馆的代表和众多收藏家云集于此，他们将为收藏19世纪荷兰画家凡·高的一幅油画《向日葵》而展开一场争夺战。拍卖以1500万美元的底价开始，随即以天文数字般的速度不断递增，随着拍卖行的木槌"乓"的一声敲响，这幅尺寸仅95×73厘米的画，竟以3985万美元的价格售出，创下了艺术品市场交易的世界纪录。其间总共只经历了4分钟。

同年11月，他的《鸢尾花》在美国纽约拍卖，又以4950万美元成交，再次创下世界纪录。1990年5月，他的肖像画《加歇医生》又在伦敦以更为惊人的8250万美元售出，三创世界纪录。

据2003年3月有关方面统计，世界名画成交金额排行榜前10名中，凡·高的作品竟占了4幅。其中《加歇医生》高居榜首达13年之久。这对于生前一文不名的画家凡·高的在天之灵来说，不知是安慰，还是讽刺？

1853年3月30日，凡·高出生于荷兰南部的布拉邦特。父亲是个牧师。中学毕业后他被送到海牙的一家美术商店当学徒，曾先后到巴黎、伦敦等地卖画。因性情孤僻，屡次得罪顾客而被辞退。后来在新教的一所神学校中短期学习，被派往比利时的一个矿区从事牧师工作。在与矿工相处的两年中，他深为他们的悲惨遭遇所触动，逐渐对宗教信仰发生了动摇，工作之余画了大量的木炭画来表现受压迫工农大众的苦难生活。当时他已年近30岁，却常常涌现出一股不可遏制的艺术冲动来。他开始热爱起绘画并开始学习。他说："只有通过绘画才能表达自己。"

然而他一生潦倒，贫病交迫。由于蔑视一切有产者，而疏远了愿意资助他的人。又因性情暴躁，少数友谊也都在激烈的争吵中告终。他没有任何生财之道，没有生活来源，只靠着他弟弟的一点微薄的资助，过着一种近乎清贫的生活。

他一生画了几百幅油画，但在生前只卖出过一幅。

他经常处于半饥饿状态，常常怪癖地吞服各种绘画颜料、松节油、煤油。在凡·高死后，有许多医生根据资料为他做出诊断，认为他患有癫痫症、躁狂症以及严重的精神分裂症。

1888年，画家高更应凡·高邀请，到阿尔来与凡·高同住。高更玩世不恭，骄狂蔑众，因为妒忌凡·高的艺术才能和对艺术的诚朴的追求，经常贬低他的画作，嘲笑他的情场失意，并且常常伙同别人在凡·高身上制造笑料以取乐。

圣诞节的前一天，高更又伙同一个妓女耍弄凡·高。那女人对凡·高说："你若给我5个法郎，我便好好接待你；否则就把你的大耳朵送给我，作为圣诞节的礼物。"

回到家里之后，喝得半醉的凡·高一时激动，拿起一把锋利的剃刀，一下子将自己的耳朵割下，用一块画布包着派人送到妓院。那妓女见到这只血淋淋的耳朵，当即便吓得晕倒在地。凡·高自己也因失血过多被送进了医院。

1890年7月27日的下午，他带着一支手枪和画具，走向巴黎附近奥维尔小镇外的一片麦田，在离旅馆几百米的地方停住了脚步。没有人知道此时此刻的凡·高做了什么，想了什么，但在最后，他掏出左轮手枪，压在自己的腹部，扣动了扳机……

4个小时后，他苏醒了，带着满身的血迹摇摇晃晃地回到住处。他的弟弟泰奥赶来，守护着他。第三天早晨1点左右，这位即将得到举世公认的艺术家闭上了双眼，凄凉地离开了人间。

他只活了37岁，正处于艺术发展的顶峰。

有一位评论家当时就这样评论："这是一声响彻古今的枪声，因为随着枪声倒毙的是一条不同寻常的生命，那是一条具有无法预测深远意义的生命。"

二、精神病？孤独感？

凡·高一生留下了大约800幅油画和750幅素描，现在大多被奉为艺术史上的珍品。随着他艺术声望的日益高涨，人们对他自杀的原因也日益关注起来。他到底为什么要用如此残酷的方式走上绝路，成了艺术界，乃至医学界、哲学界的热门话题。

一般的说法是，精神病是他死亡的根本原因。

凡·高的弟媳约翰娜于1914年出版了画家写给他弟弟泰奥的部分信件，这些信件表明，恶劣的生活条件和永无休止的拼命工作，严重地损害了他的健康，周围环境对他的歧视和社会上对他视为生命的艺术的冷漠，更加重了他的心理压力。他老是摆脱不了一个念头：末日到了，生活就要完了。他常常幻听、幻视，遭受噩梦袭击，时而意志消沉，时而发展成歇斯底里的癫狂。

他还喜欢饮用一种当时很流行的艾酒。在他去世10年之后，这种艾酒被政府禁止，因为它含有一种足以损害神经系统的有毒物质。正是这种物质，加重了他的病情。

而亲手举刀割下自己的耳朵，正是他精神极度狂乱的体现。他的邻居也都把他当作疯子，调皮的小孩爬上窗台，向凡·高扔东西，又叫又唱。最后一份有90人签名的请愿书，送到了市长手里。他们声称：凡·高是个"危险的精神病患者，不宜让他自由活动"。于是，警官把他抓起来，关进了附近的圣雷米疯人院。

他在疯人院里继续作画，他画了许多如同黑色火焰从大地升腾的丝柏树，画黄色的麦子、黛山、青空、白云，也画阴沉的精神病房和痛苦的疯子。在《峡谷》中，大地在痛苦地痉挛，它成了画家备受苦难、敏感超人的生命悲剧的真实写照。在最后一张《自画像》中，他逼真地描绘了一个疯子呆滞凝视、令人毛骨悚然的眼神。他的精神病时好时坏，他的弟弟把他从疯人院接出来，安排在距离巴黎30公里的奥维尔小镇，接受加歇医生的监护和精神治疗。7月26日，他画了最后

△ 凡·高的自画像

一张画——《麦田里的乌鸦》，画里充满了忧虑和焦急，充满了正在迫近，而又无法逃避的危机感和末日感。第二天，他便走向了麦田——也许正是他所描绘的那块麦田，在那里寻找到了人生的归宿。

慕尼黑艺术家阿诺尔德认为，凡·高的病根是严重的意志消沉，伴随着歇斯底里的精神总崩溃。在我国，权威的《辞海》也说他"后因精神病自杀"。

有的人则认为，社会的冷漠，沉重的孤独感，才是他死亡的根本原因。

他11岁就被父母送到外地的一所寄宿学校，这使他在人生首途就有了被遗弃的感觉。在学校里，凡·高独来独往，同学们也把他看作"小野兽"而对他避而远之。他长相丑陋，性格孤僻，处事怪异，急躁易怒，极端自负而又极端自卑，不善于进行感情交流，因而也就不可能与周边的人群友好相处。

为了摆脱孤独，他宁愿与流浪汉、下层妓女为伍。他曾经主动邀请另一位陷入困境的画家高更共同生活，但由于他们的性格都很怪异，第一天的相处就不欢而散，最后，以凡·高举刀相向，高更落荒而逃而告终。他沉痛地说："在多数人的眼睛里，我算得什么——一个毫无价值的人，或是一个怪物，或是一个不讨人喜欢的人——在社会上没有地位，或许永远也没有地位的人，一句话，比毫无价值的人还不如的人。假如这一切都是真的，可是我还是愿意通过我的作品表现出一个怪物、一个毫无价值的人的内心的激动。"

然而，连这一点可怜的愿望也是白费的，他的画根本就没有人理睬。正像《法兰西信使报》在他生前所评论的："这位有着一颗发光的灵魂的坚强而真诚的艺术家……将永远不能为人们所完全理解。"

他同弟弟泰奥虽有友爱互助之心，但一旦相处则诸事龃龉，常常落得个不欢而散；他的妹妹则公开宣称："我和哥哥之间很少相互同情。"

1890年5月17日，凡·高到巴黎去看望头年4月才与约翰娜结婚的弟弟泰奥。仅两天后，凡·高便离开巴黎"回去作画了"。6月初，泰奥再次邀兄来访，6月6日，凡·高抵达巴黎，但同天即返奥维尔。同年7月27日开枪自杀。后从7月22日泰奥给凡·高的信中了解到，导致凡·高于6月6日当天突然离去的原因是"家庭争吵"。这对敏感的凡·高来说，无疑是一次很大的精神刺激。

也许凡·高认为，除艺术外，他得不到一丝人间的温暖。正是这种冷漠、歧视和不可解脱的沉重的孤独感，把凡·高推入了绝境。

三、贫穷？

经济上永无终止的贫困，才是凡·高轻生的根本原因。

凡·高一生穷困潦倒，在最后的10年里，他完全靠弟弟泰奥的接济维持生计。为了尽快地取得社会承认，他把按月寄来的100法郎主要用于绘画，以至于他每个月里都总有那么三四天仅靠喝一点清咖啡来支撑身体，继续作画。令人心酸的是，他请不起模特儿，只能用最低廉的价格找来一个铁匠的孩子，一个疯人院的老妪，或者是一个泥炭市场的苦工来临时凑合；连这都办不到时，便干脆买一面镜子，自己充当模特儿。更使他心碎的是，他的这些旷世杰作根本就无人问津。他伤心地写道："我们生活在我们所做的事没有成功希望的时代，画卖不掉，即使你所要的只是一个极小的数目，你仍然什么也得不到……我担心在我们活着的时候，这种情况几乎不会改变。"

这句话不幸被言中，直到他去世前几个月，他才有一幅题名为《红色的葡萄园》的画被比利时女画家安娜买去。这笔400法郎的钱，是他一生中的第一次，也是最后一次的卖画收入。正是这个消息的刺激，使他旧病复发。

还有一个有力的证据是，他在生命垂危的最后时日，念念不忘的是他不能一直成为弟弟的负担，他在自杀之后尚未死亡之时，曾经清醒地向他的弟弟解释过他自杀的动机，他抱着泰奥说："别哭，我只是为了大家好。"

他似乎别无选择，只有用一死来了却他自己和他弟弟的贫困的重负。

四、失恋?

一连串的爱情挫折，使他踏上了轻生的绝路。

丑陋，贫穷，性格古怪，使得他一生未曾获得女子的青睐。他始终在没有回报的爱情和青楼之间痛苦地徘徊。爱情上屡遭挫折，使他终生未娶。凡·高16岁时在海牙的古比尔美术商行当小职员，因诚实可靠被晋升后派往伦敦分行。在伦敦，凡·高对房东太太的女儿厄休拉一见钟情，可姑娘却冷言冷语地讥笑他，使款款情深的凡·高初恋破灭。

他曾经爱上过一个年纪比他大且有孩子的寡妇，可寡妇的父亲坚决不许女儿同凡·高来往。他还曾经同一个带着几个小孩并且身怀有孕的妓女同居，过了一段家庭生活，可是因为贫困，债台高筑，借贷无门，那个女人不得不带着嗷嗷待哺的子女离开了他，再次开始卖笑生涯。

凡·高迁居奥维尔后，结识了加歇医生的女儿玛格丽特，并且深深地爱上了她。姑且不论玛格丽特的态度到底如何，首先就遭到了加歇医生的强烈反对，从而导致了凡·高和加歇医生的激烈争吵，竟至于反目为仇。

加歇医生的儿子后来说："凡·高就是因为失恋才自杀的。姐姐公开承认，害怕这个只有一只耳朵的画家。凡·高第二次为姐姐画像时，他向她求爱，这件事引起我父亲与凡·高的争辩，结果两人反目。"

这一切，都给了他强烈的刺激。直到凡·高开枪自杀，伤重未死，加歇医生来探望他时，两人竟相对无言。专家们认为，加歇医生的断然反对和凡·高对爱情生活的向往和幻灭，直接导致了凡·高的自杀。

一个美术史上的一代天才，就以这样的方式结束了他短暂的生命。人们还可以为他的自杀找到很多具体的原因，但归根结底，在那个冷漠的人吃人的社会里，凡·高的死是他一生中各种矛盾无法解脱的必然结果。

凡·高在他父亲去世的时候曾经说过："死亡是冷酷的，但人生更冷酷无情。"这一句话，概括了他对人生的最真实的体验。等到要他在"死亡"和"人生"两者之间做出最终选择的时候，他义无反顾地选择了前者。

凡·高死去不久，他相依为命的弟弟也相继去世，人们把他们合葬在一个坟墓里，在他们的墓前种满了他们所喜爱的向日葵。

非洲原始岩画为何扑朔迷离

非洲作为世界文明发源地之一，有着许多精美绝伦的史前原始岩画。这些岩画，分布范围极为广泛，遍布非洲10多个国家，如阿尔及利亚、埃塞俄比亚、埃及、莫桑比克、肯尼亚等。它们不仅保留这种原始的艺术作品，而且收藏数量之多、流传之广也是其他地方无法比拟的。其中塔西里有1.5万幅岩画遗址被发现，而在撒哈拉地区竟有3万幅之多。

这些岩画有错综复杂的表现形式和手法，还有丰富多彩的内容。粗犷飘逸的笔画使用的是水混合红岩石磨成的粉末冷制而成的颜料，由于颜料中的水分能充分渗入岩壁内，长久接触后会发生化学变化，使颜料溶进岩壁。因而很多年后，画面依然鲜艳可见。

1721年，一个旅游团的成员在随着团队从委内瑞拉到莫桑比克的观光过程中，无意发现了一幅画着动物的岩画。他的不经意间的发现引发了无数的科学考察，科学家、考古学家蜂拥而至，随后他们又发现了位于阿尔及利亚东部的巨大的颜料库——它位于撒哈拉沙漠中的恩阿哲尔山脉，这条山脉长800公里、宽50公里至60公里，岩画的主要颜料就是那里蕴藏着的丰富的红砂土矿藏。1956年，一个法国探险队在这片广阔的山区里竟发现了1万多幅作品。

于是科学家们根据这些岩画所反映的内容，推断撒哈拉地区以前并不是沙漠，而居住着一群生活在旧石器时代和新石器时代的人们，他们的谋生方法一般是猎取大型水栖动物，也放牧羊群。大量考古资料一再证实，公元前8000年至公元前2000年，在地质学上是非洲寒武纪的潮湿期，那时撒哈拉地区并不是沙漠，而是一片布满热带植物的草原，这种草原正适合狩猎。

非洲原始岩画所绘之人物神秘诡异，有手持长矛、圆盾的士兵，他们乘坐战车威风凛凛,英气逼人;有人们射击野鹿和狩猎野牛的生动场面,狩猎之人手持弓箭,个个身材魁梧。

科学家们由此便得出以下结论:当时人们生活在战事频繁的年代里,战争已经成了人们生活中的一部分,而狩猎也在生活中占据了最重要的地位。画面上有一些头戴小帽子、身缠腰布的人,他们没有武器,做出敲击乐器的样子;有些人像是欢迎"天神"的降临,作出贡献物品的样子,仿佛是描述祭神的画面;有些人则像是跳舞,舞姿惟妙惟肖。其中还有画着巨大的圆脑袋的人像,他们的服饰非常厚重笨拙,除了两只眼睛,脸上什么也没有,而且表情呆滞。起初,科学家们还没有研究出这是些什么人,直至人类发明了宇宙飞船以后才弄明白这些画面的意思,现在的宇航员穿上宇宙服、戴上宇宙帽后,与那些圆头人像有着惊人的相似。由此,岩画中所画的人们生活的科技化可见一斑。

而在所有的非洲原始岩画中,撒哈拉大沙漠的壁画尤为壮观。撒哈拉大沙漠位于非洲北部阿特拉斯山脉与苏丹草原以及大西洋与红海沿岸之间,它面积巨大,几乎占据了非洲全部面积的一半。

这些充满神秘色彩的沙漠壁画是德国探险家巴尔斯于1850年在撒哈拉考察时无意中发现的,有鸵鸟、水牛及各式各样的人物像。由于缺乏考古知识,当时这些壁画并没有引起他的重视。

23年后科学家专门对这些壁画进行了科学考察,发现在画中记述的都是1万年以前的景象。在撒哈拉大沙漠中部的塔西利台地恩阿哲尔高原上人们又偶然发现了一处巨大的壁画群落。这个壁画群落长达数千米,全都绘在岩壁上,刻画了远古人们的生活情景,色彩十分雅致。此后一些考古学家、考察队纷至沓来。亨利·罗特于1956年率法国探险队在沙漠中发现了1万件壁画。第二年,他们回到巴黎,带回面积约合1.08万平方米的壁画复制品及照片,成为当时轰动世界的考古新闻。

在撒哈拉沙漠中还发掘出许多村落遗址,它们都是新石器时代的人类遗址。从发掘出的大量文物来看,撒哈拉在距今1万年至4000多年间是一个草木茂盛的绿洲。当时在这里劳动、生息、繁衍的部落和民族,创造了高度发达的文化。磨制石器的广泛流行和陶器的制造是其主要特征。当时的文化已发展到相当高的水平，从壁画中的撒哈拉文字和提斐那文字可以看出这一点。

壁画中绘有很多的马匹，还有形象生动、神态逼真的鸵鸟、大象、羚羊、长颈鹿等动物，甚至有描绘水牛形象的壁画。科学家断言，以塔西利台地为起点，南到基多湖畔，北到突尼斯洼地，构成了撒哈拉地区庞大的西北水路网。台地在多雨期出现了许多积水池，沿着这些积水池，繁殖出各种各样的动植物，撒哈拉文化得到高度发展，昌盛一时。

人们同时发现，只有极少数地区才有关于骆驼的壁画，而且这些骆驼形象的壁画都属于非洲岩画的后期作品。大约在公元前400年至公元前300年左右，撒哈拉成为沙漠，骆驼才从西亚来到这里，罗马共和国的疆土扩张时期也在此时。根据壁画内容可以推测出当时人们很可能喜欢在战争、狩猎、舞蹈和祭祀前后在岩壁上画画，用画来鼓舞情绪，或者表达对生活的热爱。这些画面生活气息非常浓郁，非洲人民勤劳勇敢、乐观豪迈的民族性格和鲜明的地方特色都得到了充分的体现。

一些学者以人种学为研究方向，认定并非由非洲本土的布须曼人绘制了岩画，根据之一是布须曼人对透视法一无所知，而非洲岩画中却充分运用了这一技法。根据西班牙东部、北非、撒哈拉、埃及等地区岩画之间的相似之处，一些考古学家推测，在遥远年代地中海有一群人漂泊到好望角，当他们漫游到撒哈拉及东非大平原时，发现那里是一片充满生机的绿洲，正是他们理想的狩猎区和栖息的家园，而后他们停留在山区高原，在那里创作了许多最早的非洲岩画，从而成为最早的狩猎者以及狩猎艺术家。

然而这只是一些学者和考古学家的主观猜测和臆想，毫无根据可言。至于说岩画不是布须曼人的作品，原因是他们不懂透视法则更显得荒谬。因为即使说后来的布须曼人不懂岩画知识和技巧，也并不代表那些已灭绝的布须曼人不懂。这种知识与技巧只有极少数人才能掌握，而且传授方法非常神秘，所以后来的布须曼人看不懂前人所画的岩画并不足为奇。何况因年深日久，不少岩画已模糊不清，后来者也难以辨认了，以人种学观点为依据是一种种族偏见，缺乏足够的说服力。

　　还有个别学者认为很难弄清岩画究竟是非洲本土的古老艺术还是外界文化的辐射，而且他们认为任何伟大艺术都是国际性的，没有必要把任何艺术都贴上民族的标签，这种工作是毫无意义的。如同世界上其他地区的画廊一样，非洲文化也兼容诸多民族及其原始宗教派别的艺术。尽管这种泛论并不能让所有的人满意，但它提供的认识非洲岩画出处的思路仍有可取之处。

　　种种说法尚无定论，但原始岩画有利于人类认识撒哈拉大沙漠的史前文明却是无可争议的。

　　那么究竟是谁有如此神奇的力量来绘制非洲原始岩画呢？多数科学家认为是当地的土著布须曼人创作的。因为布须曼人的文化中心正是撒哈拉地区，在这个中心地区发现的许多岩画都可以证明这一点。北边的塔西里，东北的西班牙，南边的非洲中部及南部，东边的埃及的岩画都是从这个中心地区传播开来的。而这一结论却遭到了欧洲学者的反对，他们坚持认为外来文化的传播创造了非洲史前岩画，有的干脆说非洲史前岩画是欧洲史前岩画的复制品。他们认为首批欧洲移民尼安德特人在公元前50000年左右来到非洲，大批克罗马侬人在此4000年后移居非洲，他们是欧洲史前岩画的创造者，是他们把岩画带到了非洲。

　　但又有不少专家指出，岩画中表现了非洲一些部族的人种特征，例如非洲人一般都是高耸臀部，这是欧洲史前岩画中不可能有的。

　　非洲岩画究竟是天外来客的随心之作，还是非洲土著布须曼人的智慧结晶，或是欧洲史前岩画的复制品？现在仍然众说纷纭。然而非洲岩画的发现对世界原始文化研究有着重要的意义，它能使我们了解、考察非洲原始部族的生活与社会形态，这一点是毋庸置疑的。

复活节岛的石像从何而来

　　复活节岛屹立于东南太平洋上，在南纬28°和西经108°交会点附近，面积约117平方公里，现属智利共和国。它离南美大陆智利约3000公里，离太平洋上的其他岛屿也很远，所以它是东南太平洋上一个孤零零的小岛。1722年4月5日，荷兰海军上将雅各布·罗格文航行经过这里再次发现了这个岛，因为那天是耶稣复活节，于是将其命名为"复活节岛"，这个小岛的名称就这样沿用下来。

　　现在这个岛上大约有2000个居民，他们都属于波利尼西亚人种。在西方人来到这个岛上之前，这里还处于人类的石器时代，他们只有语言而没有文字。岛民原来都靠捕鱼和种植甘薯为生，现在大多从事旅游服务业。岛上的土著波利尼西亚人称这个小岛是"世界的中心"。这个岛的首先发现者是英国航海家爱德华·戴维斯，当他在1686年第一次登上这个小岛时，发现这里一片荒凉，但有许多巨大的石像矗立在那里，戴维斯感到十分惊奇，于是就把这个岛称为"悲惨与奇怪的土地"。

　　复活节岛虽然孤处一方，但那些遍布全岛的石像却世界闻名。这些有着非常明显特征的石像被当地人称为"莫埃"：他们有神态各异的长脸，向上略微翘起的鼻子，向前突出的薄嘴唇，略向后倾的宽额，垂落腮部的大耳朵，飞鸟鸣禽的躯干，还有垂在两边的手，石雕独特的造型别具风采，使人一眼就能认出它们。此外，有些石像头上还戴有圆柱形的红帽子，被当地人称为"普卡奥"，远远看去那些红帽子就像具有尊贵和高傲色彩的红色王冠。

　　这些石雕人像的造型一致，都是表情呆滞、脸形瘦长的那种。这说明其加工制作者使用的模本是统一的。石像造型所表现出来的奇特风格，充分说明了它是未受外来文化影响的本地作品。当然也有些学者指出，它们的造型与远在墨西哥蒂纳科瓦的玛雅即印第安文化遗址上的石雕人像十分相似。似乎是说古代墨西哥文化影响过它，但墨西哥在复活节岛数千公里之外，这几乎是不可能的。

更没有人知道这些神秘的石像是谁雕刻的。一种说法是这些石像是岛上的土著人雕刻的，他们刻的是自己崇拜的神或是已经死去的各个酋长，同意这种说法的人比较多。但是有一部分专家认为，石像高鼻、薄嘴唇的造型都显示出典型的白种人面部特征，而岛上的居民是波利尼西亚人，他们的长相没有这个特征。这些没有波利尼西亚人特征的石像造型，应该不会是现在岛上居民的祖先，那么也就可以推断出这些雕像不可能是他们雕刻成的。

此外，岛上的人是无法使用当时的原始石器工具来完成如此浩大的雕刻工程的。有人测算过，在2000年前，这个岛上可提供的食物，最多只能养活2000人，在生产力非常低的石器时代，他们必须每天勤奋地去寻觅食物才能勉强养活自己，哪里有时间去做这些雕刻的工作呢？况且，这种石雕像艺术性很高，即使是现代人也不是每个人都能干得了的，谁又能相信早在石器时代的波利尼西亚人个个都是擅长雕刻的能工巧匠呢？

还有一种说法是，岛上的石像是比地球上的人类更为文明的外星人制作的。他们出于某种目的和需要，选择了这个太平洋上的孤岛，在上面建造了这些石像。但是这种说法难以解释的是，在岛上发现了许多用钝了而被遗弃的石器工具，从这些工具来看，却又不像外星人一贯使用的精密仪器。

岛上还有几百个尚未完工的石像，至于为什么没有把它们雕刻完，谁也解释不清楚。有人说可能是因为在雕琢过程中遇到了比石制工具更为坚硬的岩石，无法使用原有的工具雕琢下去而不得不放弃的。也有人认为是雕刻石像的人遇到了突发的灾难性事件而被迫停工的，比如说地震、火山喷发或是海啸。还有人认为雕刻的人在施工中遇到了困难和挫折，就把其看成是上天或神的惩罚，不让他们再干下去，所以他们就放弃了还没有完工的石像。

总之，有关复活节岛石像的说法很多，但是直到今天还没有得出一个使大家信服的、科学而又圆满的结论。

"处女禁忌" 缘何而起

处女，又称在室之女，指未出嫁的女子。在中国古代著作《荀子·非相》中云："妇人莫不愿得以为夫，处女莫不愿得以为士。"在远古时期，人们对一些自然现象、生理现象认识不明确，故而产生了诸多忌讳习俗。据说，在澳大利亚的一些原始土著部落里，有一种"处女禁忌"现象。部落里如果有人结婚，人们就纷纷前来祝贺，大家尽情地跳舞、喝酒。狂欢达到高潮时，部落里的一些人把新娘簇拥到另一间房间里，用石器或其他什么工具破除她的童贞。然后，由一个人拿着沾有处女血的东西向大家展示。至此，婚姻仪式才算真正完成。

这是人类童年流行过的一种很普遍的现象。在澳洲某些原始部落中，姑娘到达青春期时就由年老的妇女弄破处女膜。赤道非洲的马萨、马来西亚沙凯族、苏门答腊的巴塔斯族都有这样的习俗。

有些部落请丈夫的朋友，有的由姑娘的父亲，有的则由部落里的特殊人物来完成这一工作。在西里伯尔的阿尔福族那里，新娘的父亲充当这种奇怪的角色，在爱斯基摩人的某些部落里，巫师帮助新娘弄破处女膜。

在古希腊，处女在神庙前向神的代表献出童贞。在中世纪，欧洲领主拥有姑娘的初夜权，可能也是一种处女禁忌的遗风。在印度的不少地区，新娘用木制的"神像生殖器"破除童贞。但是，完成这一人生使命的决不是新娘的丈夫。在上述一些原始部落里，新娘和新娘的丈夫都不仅不重视处女的童贞，甚至怀有对童贞的深深恐惧。因此出现了由第三者帮助破除童贞的婚姻现象。关于这种婚姻现象，对原始人类史和民俗学缺乏了解的人会认为是不可思议的。

有的学者认为，这是性自由的群婚生活时代的一种心理沉淀，处女禁忌由第三者，并且常常由男性真实地或仪式化地进行，有时由多个男子公开地、仪式化地进行，这是对古代群婚生活的一种回忆和重演，也是向群婚生活的一种告别。

有的学者认为，这是初民对处女流血的一种恐惧的疯狂心理的防止。原始民族大多对红色怀有一种神秘的情感，原始埋葬中常常把红色粉末作为殉葬品，认为它能注入生命的活力。另一方面，原始人有喝血情结。他们喝动物的或敌人的血，血会引起原始人疯狂的杀欲。在安达曼群岛上的安达曼人那里，女孩子初潮时有许多禁忌，例如不得外出，不得用原来的名字等，害怕流血会带来可怕的祸害。而这种祸害与结婚的喜悦是矛盾的，作为避免的方法，就是由第三者来承受可能带来的祸害。

心理分析学之父弗洛伊德则认为，就女性来说初婚导致肉体器官的受损和自恶的心理创伤，这种心理常常表达为对于逝去的童贞的怅惘和惋惜，表现为对夺去其童贞的人的一种深刻的恼怒。而处女禁忌则使将来要与这个女子共处一生的男人避免成为女子内心恼怒的对象，避免妇女因童贞的丧失而产生对丈夫进行报复和敌对的心理。原始人把女子看成是神秘的、令人恐惧的，害怕女子在初婚时会对丈夫造成某种危险。因此，丈夫也认为处女禁忌是有益的。

以上三种观点均为各家之谈，各据其理，而处女禁忌却成了无法给出答案的谜。

中国皇帝和朝鲜大王谁吃得更讲究

　　大长今是《朝鲜王朝实录·中宗实录》中有记载的历史人物。韩国电视剧《大长今》深受观众喜爱的原因之一，就是剧中详尽表现了传统的宫廷美食。看看中国的皇帝吃什么，朝鲜的皇帝吃什么，让他们的膳食来一次终极PK，想来也是一件饱眼球、养脾胃、有味道的事情。

　　中国历代宫廷都把吃饭搞得大张旗鼓，有众多复杂的讲究。在推崇"民以食为天"的中国，全国的百姓都有饭吃就是太平盛世了。最基础的往往就是最重要的，帝王们当然不能不讲究饮食。

　　一、中国皇帝吃什么

　　在中国，清代帝、后的饮食可称得上"中国宫廷之最"。清代宫廷的膳食在食物的色、香、味及数量上都达到了历史的巅峰。

　　清代内务府的档案里，保存了很多皇帝的膳食清单，这些清单的内容非常详细，皇帝今天在哪里用膳，吃了哪些菜品，每道菜品用什么器皿盛放，做了多少量，都记载得非常清楚。

　　通常，皇帝每餐要有20多道菜肴，4种主食，2种粥（或汤）。菜肴以鸡、鸭、鱼、鹅、猪肉和时令蔬菜为主，以山珍海鲜、奇瓜异果等为辅。皇帝吃的米是专门培育的黄、白、紫三色米，以及各地进贡的上等"贡米"。同时，各地方的行政首脑每年还要按规定的数量上交鹿、狍、鹿尾、鹿舌、鹿筋、熊、野猪、野鸭、虎骨、鹅、腊猪、咸鱼、鲟鳇鱼、鲈鱼、栾色鱼、乳酒、乳油、燕窝、鱼翅、海参等食材，蒙古王公还要进献黄羊，山珍海味应有尽有。

　　在清代宫廷饮食中，最有代表性的莫过于慈禧太后的饮食。根据记载，慈禧太后的一餐通常有100多道菜品，用来盛放食物的食器和餐具也非常考究。饭前，先进食瓜果、茶。在菜品中，猪肉类约有10种，鸡肉、鸭肉、羊肉各有数种，烤、蒸、炒等烹调方法俱全，御厨们还要绞尽脑汁，将菜品摆放成龙、凤、蝴蝶、花卉等各种吉祥的图案，或拼成"福"、"寿"、"万年"、"如意"等字样。慈禧的御厨中不乏"名厨、大腕"，比如王玉山，擅长"抓炒"，被称为"四大抓"——抓炒里脊、抓炒鱼片、抓炒腰花、抓炒虾。

二、中国皇帝"吃不饱"

从北齐开始，光禄寺成为专门负责宫廷饮食的机构，这种设置延至清代。隋唐还开辟了第二个御膳机构——殿中省尚食局。光禄寺主要负责祭祀用的食品、宫廷宴会的食品和在京官员的膳食，拥有职员数千人。殿中省尚食局则负责皇帝的日常膳食，其首脑为奉御，确保供应的食物符合皇帝的饮食禁忌。

皇帝用餐有一整套必须遵循的程序。以南宋为例，在皇帝将要进膳的时辰，在殿中省和皇帝用餐的嘉明殿之间，禁卫森严，不许闲人过往。殿中省有一人先高喊："拨食！"随即出现10余位身穿紫衣的"院子家"，右手托着用黄色的绣龙布罩着的食盒，左手拿一条红罗绣的手巾，将食盒摆放在嘉明殿的膳桌上。皇帝的菜品端上来后，先要用银制品测试饭菜是否有毒，然后还要由专人"尝膳"，确定没有问题后皇帝才能吃。

现在大家都是一日三餐，而清代的皇帝是一日两餐，早餐约在现在的早上6至8时，晚餐在下午的2至4时。每日皇帝在用餐前，先要查阅膳食清单，上面写明哪样菜是谁做的，以备皇帝核查和点菜。皇帝所点的菜品，如果没有特殊说明要撤换，御膳厨房每次都要预备。在皇帝的膳桌旁还要另设一个几案，以备赏赐。皇帝用膳后，剩下的食品可以分赐给他人。

按理说，享用如此丰盛的膳食是一种享受，可皇帝吃得并不尽兴。比如，清代的宫廷里有这样一条规矩，用餐的人不能表现出自己"喜欢吃什么"；即使对于非常喜欢的菜，也要严格遵守"吃菜不过三匙"的家法。

根据《周礼》的规定，帝王在进膳时要有音乐陪伴。后世虽然没有把音乐与皇帝的日常进食密切联系，却增添了显示皇帝尊贵的各种规矩。比如皇帝要单独进食，如果他高兴可以恩赐别人（比如：皇后、妃嫔、皇子女或宠臣）和他一同进餐。

三、朝鲜皇帝吃什么

和中国类似，朝鲜皇帝用餐也有颇多讲究。

根据规定，只有君主的御膳每餐可以达到或超过12道菜品，贵族每餐只能享用7至9道菜品，而老百姓的餐桌上只能有3至5道菜。

朝鲜王朝的宫廷料理是韩国传统饮食的精华，代表了传统饮食的最高水平，因为各地都把最优质的食材献给君主，再由最优秀的厨师将这些食材精制成菜品。

朝鲜的宫廷料理首先体现了"诚意"。厨师们会把食品的原材料切成细丝，粗细长宽一致，整齐地摆放，可见其用心。

如果说，中国皇帝的膳食讲究的是山珍海味、色香味俱全、奢华气派，朝鲜的宫廷料理追求的则是食品原料本身的滋味，注重保健、营养均衡。宫廷料理中有一道菜叫五色炙肉串，食料有牛肉、干香菇、桔梗等，饭与药一起吃，也是朝鲜宫廷料理的一大特色。

朝鲜皇帝用餐前也有专人"尝膳"。在电视剧《大长今》里提到了这个细节：皇帝吃饭前，有个"气味尚宫"用银筷子把每道菜都尝一下。这个"气味尚宫"便是负责检验食物是否有毒的官职。

在战乱的年代，朝鲜宫廷饮食的精华逐渐流失，幸好有一个名叫黄慧性的女性，努力寻找当年的宫廷厨师，并写出《朝鲜王朝宫中饮食》一书，才为现代人保留下朝鲜宫廷料理的精华。

一千年前敦煌人吃什么

中国古代的敦煌地区有着悠久的历史，灿烂的文化。那么，1000多年前的敦煌人爱吃什么？

敦煌的佛教经卷、社会文书、绢画、法器等文献中，保存了大量唐宋时期的饮食资料。这使我们有机会回到1000多年以前，看看当时的敦煌人吃什么？怎样吃？

敦煌人的主食中，麦类有小麦、大麦、青稞、罗麦、荞麦等；壳类有粟、黍、粳米；豆类有豌豆、荜豆、黑豆、大豆、豇豆、小豆、雁豆等。除此以外，敦煌人还采集一定的草籽充当荒年的食物。

敦煌人的副食也比较丰富。敦煌有比较发达的畜牧业，牛羊等家畜是肉食和乳品的来源。敦煌自古以来就是多民族杂居的地区，各民族的饮食习俗在这儿或多或少留下了踪迹。唐代吐蕃统治过一个时期，吐蕃人喜爱乳食的习惯也影响了敦煌人。敦煌人喜欢狩猎，周围有野兔、野马、野骆驼、盘羊、黄羊等，许多文献记载他们有"猎户"、"黄羊儿"、"野味"等字样和"网鹰"、"捉鹰"活动，说明打猎活动不仅仅是敦煌贵族的消遣活动，也是他们获取肉食的手段之一。

敦煌的油料作物有胡麻、大麻和红蓝，也可能已栽培油菜籽。

唐宋时敦煌已有堪称发达的园圃经济，除了私人经营蔬菜的种植和买卖外，许多寺院都拥有菜园，品种有萝卜、生菜、蔓菁、葱、蒜、韭菜、葫芦、豇豆、苜蓿等蔬菜。敦煌人还采集一定的野生植物和菌类，如草豉、荠菜、菌子、马芹子等，用以补充蔬菜的不足和改善口味。

敦煌号称"瓜果之乡"，早在汉代敦煌的优质瓜就很有名，东汉明帝时已作为贡品。瓜的种植面积也非常大，有一件敦煌文书记载，沙洲各渠就有十几家瓜园。敦煌的果类有葡萄、梨、李子、桃、杏、枣、胡枣、胡林子等，几乎包括了当时中国北方所有的水果。

敦煌人的调味品有花椒、生姜、盐、豉、醋、酱、浆水等。花椒和生姜来自外地，以"秦地生姜"为上乘；其他调料均在当地制作。敦煌人嗜酸，文献中不仅记载寺院自己酿造醋酱，而且用原粮去街上换取，说明当时敦煌有不少酿造醋酱的作坊。浆水是一种通过将蔬菜发酵而产生的酸菜水，有解暑、降温、化腻、利消化的功效，至今仍是西北人喜食的一种调味品。

一、爱吃饼喝粥的敦煌人

和当时中国北方广大地区一样，敦煌人的主食以各种饼为主，这一方面是因为小麦以及加工成的面已取代粟和黍成为主食，也因为从汉代开始，饼类食物逐渐成为北方人喜爱的食物。敦煌饼类食物的名称有近30种之多，比任何史料中出现的都多，有胡饼、饦饼、炉饼、馒头、水饼、白饼、薄饼、蒸饼、烧饼、沙饼、乳饼、菜饼、煎饼、馓枝、糕麋、笼饼、梧桐饼、环饼、索饼、龙虎蛇饼、菜模子、小食子等吃食。这些饼大部分用麦面做成，少部分用粟面或麋面做成。当然，这些被称为"饼"的食物在今天看来并不是饼。因为早先人们将凡是用面做成的食物均称为"饼"，如一些炸食、蒸食、有馅的食物及面条等，与今天的饼并非一致。

有些饼的制作方法和制作工具是有记载的，我们可以据此得知它们与今天的某些食物之间的传承关系。比如，胡饼、烧饼、梧桐饼、乳饼、炉饼等，与今天在北方流行的烧烤的饼相似；蒸饼、笼饼与现在的馒头相似；龙虎蛇饼是一种做成龙虎蛇形状的蒸食，它们往往用在一些具有礼仪性质的仪式上，比如诞生礼、成人礼及其他祭祀上；馒头、菜饼、菜模子则与现在的包子差不多；薄饼、煎饼等，与今天的煎饼、摊饼相同；有些与今天的油饼相似，有些和今天的馓子一样，不过形状各异而已；有些与今天的点心相同，有些与今天的油炸糕相似，常用来作为尊贵客人的加餐或点心；糕麋是西北地区惯有的食用谷面和麋面的方法，即将面用开水烫好后，加入酵子，蒸成发糕，这种吃法在今天甘肃的一些山区仍可见到。其他一些饼，如饦饼，只有用面量的记载，尚不能断定它们的制作方法。

除了几十种饼外，在敦煌还流行粥、馓饭、水面、煮菜面、细供、灌肠面、油面、炒面、麦饭、饭、糌粑等十几种食物。像凉面、馄饨、酿皮子、粽子等今天流行的食物，在当时就已是敦煌人的盘中餐了。另外，敦煌文献中还记载了"须面"，这应当是史料中对挂面的最早记载。

敦煌的粥有好几种。有浆水粥、白粥、米浆水、醅粥等。其用料并不仅是米或小米，而是用面做的。羹也是敦煌人经常性的饮食品种。敦煌人之所以喜爱粥及羹，与他们经常吃油炸食品有关。敦煌"饭"的含义也较广，用小麦蒸成的叫"麦饭"，在初唐的卷子上还有记载，但到了五代、宋初就不见了；一种是用面做成的某种食物也叫"饭"，应当与今天河西人将面条等称作饭相同；另一种是粳米做成的"饭"。

二、胡食和胡气

敦煌饮食的一个重要特点是胡食和表现在饮食习惯上的胡风。在其饮食品种中，几乎有一半是胡食或由胡食演化而来，特别是以饼为代表的面食。铺设、坐姿、酒器等也或多或少沾有胡气。东来西往的商客带来各种饼的制作技术，而制作各种饼来满足商人对不同饼的爱好，也是敦煌的饼肆成功的经商方针。

当时敦煌还有一些特色小吃：如灌肠面、糌粑。灌肠面是在动物的肠子里装入面和油、血的混合物，然后蒸熟的一种食物。在今天的藏族地区仍是一种家常的吃法。敦煌曾被吐蕃统治过一个时期，必然受其影响。敦煌人常将灌肠面用来祭神，看来它是一种高级食物。糌粑也是藏族的饮食品种，在敦煌藏文卷子中有记载。说明在吐蕃人统治时期，他们的饮食文化也在影响着敦煌人。

唐五代时的敦煌，人们的饮食礼仪正处于一种新旧交替的变化当中。餐制、坐姿、用具等，无不显示这一特点。

三、敦煌人实行分餐制

唐五代时，餐制仍处于两餐向三餐的过渡阶段。从文献记载看，有时是一日三餐，有时是一日二餐，有时是在两餐外再用点点心，从事重体力劳动时，也记载有"夜饭"，但定量比另外两餐要少一些。

在有"案"的时代，敦煌人席地而坐，实行分食制，食物放在案上，由厨师或仆人"举案"放在食者前面。从壁画上看，唐五代时的敦煌，食桌已完全代替了案，人们围坐而食。从进餐图中，可以明显看出敦煌人已围坐在餐桌（一种低矮的长方形桌，像现在的茶几）周围进餐，但与今天的合食制有着本质的区别。这就是每个人的食品仍然分开，每人面前放盘碟，由厨师或专人将食品分给每位进餐者。

在一些饮食活动的记载中，常常按人头分碗、碟、酒杯等餐具。

在敦煌及嘉峪关魏晋墓中，可以看见敦煌人跪坐而食，继承着古老的传统。到了唐五代时，大部分已盘腿席地而坐，从壁画中可以看到人们或盘腿围坐在炕上，或在一种和食床一样高的宽长条凳上盘腿或跪坐。这种坐法的优点是避免了因久跪大腿血液不容易流通而发麻的弊端，有可能受了少数民族的影响。敦煌当时已出现了高凳，虽然没有在高凳上进食的画面，但不排除坐在上面用餐的可能。

另外，由于受众多少数民族进食习惯的影响，也有在铺的食毯上进食的习惯。因为在寺院的进食物品分配中，少不了"铺设"，而在寺院的物品账目上，也不止一次地出现了食毯、食氍毹、食单等。这很容易使我们想起一些少数民族的进食习惯。

四、请客吃饭的理由多

在基本满足生理需求后，人们的饮食活动逐渐增加了社会意义。

一些固定形式的饮食活动随之出现，这就是我们今天称作的"宴会"。

敦煌文献中记载的宴饮活动很多。但当时不叫"宴会"，根据不同的规模和性质，叫做"局"（或"局席"）、"筵"、"顿"、"设"、"看"、"小食"、"中食"、"解火"、"解劳"、"斋"等。"局"又叫"局席"，或简称为"席"、"筵"。最早，人们比较重要的饮食活动是在用某种植物编的席上举行的，这种席子也叫做"筵"，后来就以"席"或"筵"代称宴会。至今，一些地区仍将宴会称作"席"。"局席"是唐五代社会对宴会流行的说法，一直流行到清末。时至今日，以"局"称宴会又重新成了时髦，这就是称宴会为"饭局"。当时的敦煌，"局席"一般指比较正式的宴会活动。

"设"本来指设祭、设供、设馔等，后来引申为一种宴饮活动。

"看"的本意是礼节性的拜访，但在敦煌是指为了某项事情而进行的饮食活动，有招待、慰问之意。

"顿"最早为以首叩地之意，后又引申为聚会、宿食之所。敦煌的"顿"均与某项活动有关，如庆祝上水、窟上下彭、送葬等活动结束后，大家在一起置酒、聚会。

"小食"、"中食"无疑是一种宴会活动，"小"和"中"并非时间概念，也非参加者的多寡，而多指饮食的等级。从检索到的例子看，规模不小，人员也不少，往往用在送行、照例聚会等活动中。

"解火"、"解劳"原意是指因劳累而上了火，需通过吃一些食物来败火。这本来是一种简单的饮食活动，但敦煌的"解火"、"解劳"，已演变成了较复杂的宴会活动。

"斋"本来指僧人的饮食活动，但因敦煌是一个佛教很盛的社会，僧人饮食的称谓也影响了世俗社会，俗人的宴饮活动有时也称作"斋"。

五、和尚尼姑也喝酒

敦煌石窟中有世界上最早的蒸馏酒酿造图，偌大的敦煌，见诸文献的酒户及酒店近30家，这还不包括寺院和大量的私人酿酒。敦煌酒的品种非常多，按原料分有粟酒、麦酒、青稞酒、黍酒、葡萄酒等；按品种分有清酒、胡酒、甜酒、白酒、药酒、混合酒等。酒的酿造技术已达到了非常高的水平。

在敦煌，几乎每一个社会阶层的人都喜欢饮酒。归义军首领、各政权来敦煌的使节、走卒贩夫、佛门僧人等，都是酒店的常客。甚至连和尚尼姑，在青灯古佛面壁诵经之余，也来上几口。寺院收入的大部分粟都用来酿酒或换酒。酒的作用已远非一种饮料，而成了社会生活中人与人之间关系的一种润滑剂，几乎一切世俗的社会活动甚至一些宗教活动都少不了酒。如招待使节、祭祀娱神、节令仪式、各种宴会、迎来送往、婚丧大典等活动，都必须有酒。

在正式场合中每人一个杯子。敦煌的酒器有瓮、角、注子、洮子、勺子。洮子是用来温酒的，说明敦煌人喜欢饮热酒。

敦煌人当时喝酒已有了我们今天常见的划拳行令方式，称作"喧拳"，此外还有一种文雅的以"拗笼"做筹的酒令方式，这种方式需要有一定的文化常识，因此盛行在士人或贵族之间。

敦煌人的酒量也非同小可。当时给来敦煌的使节每人每天所供的酒达到了2升多到3升不等；从一些文书中的记载计算，一些人的酒量达到了每日5升到7.5升不等，约合今天的6斤到9斤，与景阳冈的武松相比有过之而无不及。当然，他们所饮的酒大多都是粟酒，酒精含量较低，与今天的白酒不能比。

17世纪欧洲以"暴露乳房"为美吗

据英国媒体报道，英国历史学家的一项研究表明，暴露乳房是在17世纪欧洲上流社会的妇女中非常时尚的做法，通常代表了女性的美丽和美德，甚至连当时的英国女王和王后都"乐此不疲"。

这项惊人的历史发现是由英格兰沃里克大学历史系讲师安吉拉完成的。经过对17世纪的壁画、印刷品以及数千张木雕版画进行研究后，安吉拉发现在17世纪的欧洲（尤其是英格兰和荷兰）妇女看来，暴露乳房是一件值得让她们骄傲的做法。今天保存的许多木雕版画上出现的贵族妇女都是暴露着胸部。不过，这种做法没有丝毫的色情含义，因此当时的人们没有将妇女的乳房与性联系在一起，而以一种完全纯洁的目光欣赏乳房。

据研究，当时上流社会的女性都被作为圣徒描绘，因此都必须暴露出自己的乳房。在版画中，暴露乳房可能有着特殊的象征意义，尤其是只露出一只乳房的时候。

17世纪的欧洲人认为，暴露乳房是对女性古典和青春美丽的展示，妇女们都乐于向人们展示她们像美神维纳斯一般完美的乳房。健康美丽的乳房代表了女性的美德、美丽和青春活力。为了保持乳房的形状，上层社会的妇女一般都不愿意哺乳婴儿，而是将自己的孩子交给奶妈喂养。如果一名妇女穿着暴露的低胸装，将自己美丽的乳房暴露在众人眼前，她的丈夫不但不会生气，反而会感到很有面子。

据悉，暴露乳房的习俗起源于15世纪法国皇帝的情妇艾格尼丝·索列尔，她通过这种做法赢得别人的瞩目。后来逐渐流行起来，并且在英格兰风行一时，玛丽二世女王和查理一世的王后亨丽埃塔·玛利亚对此都是推崇备至。1633年，玛利亚王后在一次宫廷举行的假面舞会上出现时，就穿了一套露出双乳的衣服。

17世纪的清教徒律师威廉·普林反对当时的妇女们穿着暴露乳房的服装。为此，他公开写道："这样的女人们简直就是肮脏的妓女，"并对王后的做法进行批评。最后，英国王室为了惩罚他，派人割掉了他的双耳。

秦始皇焚书坑儒之谜

人们一般把"焚书"和"坑儒"连用，其实它是一前一后的两件事，背景各异，性质也不完全相同，所以，我们一件一件地说起。

一、所谓"焚书"

秦始皇遵循秦国崇尚武力、重用刑罚的传统，灭掉六国之后，却不给人民休养生息的机会，浩大的工程有增无减：筑长城、造骊山墓、建阿房宫、不断地巡幸天下……以至于国无宁日，民无宁时。那些来自六国的书生们，承袭了战国以来"处士横议"的风气，不断地以《诗》、《书》典籍及先王善政为根据，讥评时政，煽动不满，威胁着秦王朝政权的巩固和政令的推行，这当然是秦始皇断断不容的。

始皇三十四年（公元前213年）的一天，秦始皇在咸阳宫举办了一个宴会，70名博士都参加了，一齐向始皇敬酒祝福。仆射周青臣带头向秦始皇敬献祝词，他说："原先，秦国的土地不过千里，靠了陛下的神圣英明，才平定了海内，赶走了蛮夷，普天之下，莫不臣服。建立郡县，不封诸侯，人人安乐，万世万代永无战争之患，从古到今，谁也没有陛下这样的威德！"

淳于越是来自齐国的博士，他针锋相对地说："我听说商周享国千有余年，分封子弟功臣，在四周拱卫辅佐。现在陛下拥有天下，但您的子弟却是普通老百姓，一旦有犯上作乱之臣，怎么能互相救助？办事不效法古代而能长久的，我还没听说过。周青臣当面讨好，却是加深了您的过错，不是一个忠臣。"

秦始皇叫大家都发表意见。丞相李斯说："五帝的政令不相重复，三代的制度不相承袭，都把国家治理得很好。为什么？因为时代变了。陛下创千秋大业，建万世功勋，这些都不是像淳于越那样的腐儒所能理解的。可他们凭着一张嘴巴，以古非今，蛊惑百姓，新的政令一出，他们就街头巷尾，议论纷纷，拉帮结派，哗众取宠，如果让他们这样胡闹下去，不只降低了皇上的威信，而且也必将形成一股反对政府的势力。"

"你认为要采取什么措施？"秦始皇问。

"禁。"

"怎样禁法？"

"臣以为：除了秦国的史书，六国史官所记之简册，一律烧毁；除了博士，凡私家所藏《诗》、《书》及百家语，也烧；有敢于交头接耳谈《诗》说《书》的，砍头；以古非今的，灭族；官吏知而不报的，同罪；令下30日后留书不烧的，脸上刺字后罚4年苦役，戍边筑城。只有医药、占卜、种植的书不烧。要学习法令的，以吏为师。"

秦始皇说："行，就这样办。"

一场蔓延全国的焚书运动就这么开始了。

二、所谓"坑儒"

秦始皇的"坑儒"事件，载之于《史记》。

《史记》说：秦始皇迷信神鬼，六国灭后，不断地求神访仙，寻找长生不死之药。

秦始皇二十八年（公元前219年），始皇封泰山，登琅琊台，齐国方士徐州市（福）上书，说海中有蓬莱、方丈、瀛洲3座神山，愿带童男童女去寻求仙药。秦始皇答应了，派去了几千童男童女，可是他一去就再也没有回来。

三十二年（公元前215年），始皇东巡碣石，派燕国方士卢生出海寻找古仙人羡门、高誓，又派韩终、侯生、石生寻找长生不死之药。不久卢生回来，谈了许多神鬼之事，还带来一本仙书，那书上说："亡秦者，胡也。"于是始皇派将军蒙恬带30万大军去攻打北方的胡人（匈奴）。

到了三十五年（公元前212年），卢生又劝秦始皇居处之地要保密，否则"真人"（神仙）不会来，不死之药也不可得。秦始皇也一一照办。

可是，不死之药毕竟没有得到。

这时候，侯生与卢生商量说："秦始皇这个人，刚愎自用，并吞天下以后，意骄志满，自以为天下第一。亲信狱吏，博士70人不过是摆设而已。又好用刑杀，大臣们畏惧，只得阿谀逢迎，不敢直谏。大小事都独断专行，甚至每天都要定量批阅100多斤重量的竹简文书，不完成决不休息。一个人贪恋权势如此，怎么可以求到仙药呢？"

于是就逃跑了。

秦始皇听了，大怒说："我前些时收聚天下书籍，把没用的尽行烧毁，又召集了许多文学方术之士，想让文学之士为我兴太平，方术之士为我求仙药，现在，韩终去而不返，徐州市耗费巨万资财，也没见仙药送到，天天听到的都是作奸谋利的消息，卢生等人，受我优厚的赏赐，竟敢诽谤我，夸大我的不是。对那些还留在咸阳的诸生，我将派人查问，看看有没有人还在妖言惑众。"

于是派御史拘捕诸生，严加拷问。诸生互相攀连，共有460人违犯了禁令，秦始皇下令将他们全部活埋在咸阳，并且诏告天下，以儆效尤。随后，又有一批人被流放于边疆。

太子扶苏进谏说："天下刚刚平定，远方的百姓还没完全顺服。诸生都是研读、效法孔子学说的，父皇都处以重刑，恐导致天下不安。望父皇明察。"

秦始皇大怒，把扶苏派出皇城，到上郡蒙恬的部队去监军。

这就是震动后世的"坑儒"。

三、一次，还是两次

东汉时有一位学者名叫卫宏，他曾较详细地记载过"坑儒"事件，言之凿凿，而又和《史记》有所不同。唐人颜师古注《汉书·儒林传》时说：现在的新丰县有一个地方叫愍儒乡。愍儒乡温汤西南3里有马谷，马谷西岸有坑，地方上的耆老故旧相传，这就是秦始皇坑儒的地方。卫宏在《诏定古文尚书序》中说：秦始皇焚书之后，怕天下人反对，不按他制定的法令办事，于是就下令召集天下的读书人，到的都封为"郎"，前后共到了700多人。这时候他秘密下令，叫人在骊山坑谷中温度较高的地方种瓜。瓜结实后，叫人上书说"瓜在冬天结实"。秦始皇就煞有介事地下诏，叫博士、诸生都发表意见。这些博士、诸生的意见各不相同，就叫他们都亲自去考察。事先在那里埋下了机关，等诸生贤儒都到了，正争论不休的时候发动机关，土块石头纷纷从上填下，他们都被活埋在谷里，无声无息。所以，后人称这里为愍儒乡。

与颜师古同时代的学者孔颖达在《尚书正义》中引录了卫宏《古文奇字序》中的一段文字，与上文大体相同。据此，则知秦始皇坑儒，实有两次，共1100多人。

也有人认为：这两次坑儒，都发生在焚书之后，实际上就是一次坑儒的两种传说而已。何况，卫宏跟秦始皇时期相距250多年，或者是辗转传抄，或者是道听途说，哪里会有第一手材料？

但也有人认为，这两种记载都很确切，至少在以下4方面截然不同：

一是对象不同。前者是京城咸阳的诸生，后者是从全国各地应召而来的诸生；

二是人数不同。前者是460人，后者是700多人；

三是坑杀性质不同，前者经过公开审判，公开处决；后者是诱杀，实际上是秘密谋杀。

四是坑杀地点不同。前者是咸阳，后者是骊山山谷中一块地温较高的瓜地。

人们认为，卫宏是东汉初年治学严谨的学者，所说当有根据。

为什么要进行第二次坑儒呢？因为秦始皇施行暴政，要钳禁天下人的口舌，仅仅只杀掉京城里的400多个儒生是远远不够的。先以广开言路为名，收聚天下长舌之士，然后一举而坑之，这正是秦始皇毒狠之处，狡猾之处。

古时"士"的弱点，就是对封建统治者充满幻想，他们明知秦始皇已经焚书坑儒，却还欣然应召，以致一网打尽，不亦悲乎！

五、被坑者谁

"焚书坑儒"只是一种笼统的说法，但所坑者究竟是不是儒？历来的看法也不一致。

许多专家指出，秦始皇坑杀的并不是"儒"，而是一些装神弄鬼的"方士"。主要理由是：

一、事情的起因是方士设骗，并且在诽谤秦始皇后逃亡，秦始皇迁怒于其他方士是正常的，所杀的当然是方士。

二、《史记·秦始皇本纪》载秦始皇语："悉召文学方术士甚众，欲以兴太平。"这是文学之士和方术之士并举，然而下面词锋一转，撇开文学之士，只谈"方士"韩众（终）、徐州市（福）、卢生等人罪行，最后提出"廉问"、"按问"，乃至于"坑"，可见他坑的都是方士了。

三、据《盐铁论·散不足篇》记载：始皇之时，"燕齐之士释锄耒，争言神仙方术，于是趋咸阳者以千数。"但秦始皇坑杀的不过460人，也只是众多方士中的一部分。

事实上，秦始皇的"坑儒"，在秦末汉初都没有造成很大的政治影响。西汉中期，也只称他"坑杀术士"；一代大儒韩愈、司马光，也只是说他"坑杀学士"或"屠术士"。我国近代著名学者章太炎、顾颉刚等人也主张秦始皇所杀的并不是儒生而是方士，或者说主要是方士。

但也有人认为：首先，秦始皇坑杀的是诸生中的"犯禁者四百六十人"。他们犯了什么"禁"？就是焚书禁令中的"偶语《诗》、《书》者弃市，以古非今者族"等禁令，这分明指的就是儒生。其次，扶苏劝他的父亲说："诸生皆诵法孔子，今上皆重法绳之……"诵法孔子的，绝不是方士，而是正统的儒生。

还有人认为：以当时的儒生和方士所操之业而论，儒生可能兼事方术，方士更可能兼事儒学，两者不可能截然分开。以侯生、卢生为例，他们肯定是方士，但他们指责秦始皇的那些语气，分明是一副儒者口吻。所以说"坑士"最为确切，说"坑儒"也是不错的。

有趣的是，"坑儒"事件的肇事者侯生、卢生，终于见机逃亡，没有被杀。《说苑·反质》篇进一步说，侯生后来被抓住了，秦始皇要处他以车裂之刑，侯生慷慨陈词，历数秦始皇奢侈殃民的罪过，秦始皇听后默然，终于把他放了。

秦始皇"焚书坑儒"毕竟是中国文人和中国文化史上的一次浩劫，其结果是造成了许多先秦文献的损失，扼杀了春秋以来蓬蓬勃勃的自由探索精神，使文人沦为封建统治阶级的帮闲和附庸。然而秦始皇并没有因此而达到延续江山，以至于千秋万世的目标。唐人章碣诗《焚书坑》云：

竹帛烟销帝业虚，关河空锁祖龙居。

坑灰未冷山东乱，刘项原来不读书。

其实作乱的不只是不读书的刘、项，义旗一举，儒家生徒也蜂拥而至，孔甲（鲋）为陈博士，郦食其、陆贾为刘邦说客，叔孙通

△ 秦始皇

为汉朝制礼定仪，所以唐代诗人司空图不禁喟然长叹："秦坑儒耶，儒坑秦耶？"

历史常常逆统治者的意愿反向发展，这是秦始皇焚书坑儒之时所始料不及的。因此更有人断言：没有秦始皇的"焚书坑儒"，就没有董仲舒的"废黜百家，独尊儒术"，也就不会有绵延2000年的儒学统治。

印度河文明为何离奇消逝

印度河是南亚次大陆第二大河，仅次于恒河。在漫长的历史河流中印度河孕育出高度的文明，古印度河流域的文化成为人类文明史上的重要一环。但是大约从公元前18世纪，印度河文明开始衰落并逐渐被掩埋于历史的尘埃之中。20世纪20年代在考古人员的努力下，这个沉睡了几千年的人类文明瑰宝最终惊现于世。昔日堪有与古埃及相媲美的璀璨文化的印度河流域，为什么会消失了呢？是雅利安人入侵，是自然灾害，还是真如科学家猜测的——毁于古代的核战争？

一、印度河文明的发现之旅

印度河流域是人类古代文明的发祥地之一。作为文化的宝藏，它一直沉睡在地下，也许是在等待时机向人类展示其蕴涵的宝贵财富。印度河流域的文明是怎样展现在世人的面前，又是怎样为世人所了解的呢？

徜徉于历史的旅途，让我们来一起追寻历史真相，寻找印度文化的源头吧。说起印度河文明，就必须提及哈拉巴文化遗址的发掘。18世纪，在今巴基斯坦的哈拉巴地区发现了大都市残址，古印度文明开始露出原始的面貌。

19世纪中叶考古人员进行第二次考察，发掘出了刻有动物图案的印章，但是这一发现并没有引起当时人们的注意。在以后，这一遗址逐渐为人们所遗忘了。

也许印度河文明注定是要向世人展示其神秘的一面。1922年，因发掘佛塔废墟而意外发现位于哈拉巴以南600千米处的摩亨佐·达罗遗迹中，也发现了刻有图案的印章。这时候人们才想起这可能与50年前的哈拉巴出土的物品有什么联系。出于一种求知欲，考古人员开始系统发掘这一远古文明。

这些遗址的发掘犹如厚重的历史书，记载了古文明的兴衰。有关资料考证，该文明起源于5000年以前甚至是更远久的年代。我们以遗址保存较为完好的中心城市——摩亨佐·达罗为例，简单介绍一下古代印度河流域的文明成就。

摩亨佐·达罗遗址面积约100平方千米，古城分为西侧的城堡区和东侧的广大街市区。西侧的城堡建筑在高达10米的地基上，城堡内有砖砌的大谷仓和净身用的浴池。这个令人惊叹的巨大谷仓，向人们昭示着这个城市的富足。

东侧的市街区，主要是市民活动和居住的地方，从遗址中可以看到街道和住房的痕迹。四通八达的街道，宽不下10米。这里的住房是用砖块砌成，而在其他古文明中，砖块只用于王宫和神殿。

这个城市有着一套完善的供水和排水系统，而且用水特别讲究。庭院里有水井，用过的水可经由墙壁中的管道排至下水道，从各家流出的污水在屋外的蓄水槽内沉淀后再流入纵横交错的地下水道，以达到环保、卫生的目的，这是现今许多城市都不能企及的。这些都充分体现了古代人类的杰出智慧。

二、解密印度河文明废弃的缘由

在当时这样一个高度发达的文明，却静静地在历史中被湮没了，是什么原因导致它的消失呢？有人说是雅利安人的入侵，有的人说是地震和火山，这里我们所叙述的是一个较为有意思的观点——核战争。

近年来，许多科学家一同在研究关于印度河文明废弃的缘由，由于破坏的程度较深，科学家们只能从摩亨佐·达罗出土的人骨上找到一些线索。

科学家通过分析这些人骨发现，这里的古代居民都是在奇异的状态下猝死的。但是让人奇怪的是，除非发生过地震和火山爆发，否则不会让这么多人猝死的。但是摩亨佐·达罗没有发生过上述两件事。

这些人骨都是在居室内被发现的，许多遗体成堆地倒着，令人惨不忍睹。最奇怪的是，这些人用双手盖住脸呈现出保护自己的样子，似乎在恐惧什么。另外还有人是在井边洗物品或者是在浴池里洗澡的时候死亡的，死亡对他们来说好像是一瞬间的事。

是一种怎样的恐怖事件令这些人瞬间死去呢？

这个谜团让人困惑了很久，考古学家们提出了流行病、袭击、集体自杀等假说，但均不能成立。因为无论是流行病还是集体自杀，都不能解释"一瞬间"死去的原因。

为了揭开这个谜团，印度考古学家卡哈对出土的人骨进行了详细的化学分析。卡哈博士的报告说："我在9具白骨中发现均有高温加热的痕迹……不用说这当然不是火葬，也没有火灾的迹象。"

是什么样的异常高温使摩亨佐·达罗的居民猝死的呢？

由此，人们联想到一些科学家推断的远古时代曾在世界不少地方发生的核战争，因为只有核战争的高温才有如此大的杀伤力。摩亨佐·达罗遗址与假想中的核战争有无关联呢？

从文献上来看，印亚大陆历来是史诗神话中传诵的古代核战争的战场。公元前3000年前的大型叙事诗《马哈拉巴德》中记叙的战争景象的惨景，就如同广岛原子弹爆炸后的景象，这是连现代化武器也无法比拟的。其毛骨悚然的惨痛记忆遗留至今，甚至为1945年广岛事件所不及。在另一首叙事诗《拉马亚那》中，也有描述的几十万大军瞬间被摧毁的景象。诗中有一点值得注意，大决战的场地是一个被称为"兰卡"的城市，而这有可能就是指的摩亨佐·达罗。

从口述史来看，当地人记忆说1947年印巴分治后，在因属巴基斯坦而被禁止发掘的摩亨佐·达罗，有不少类似广岛核爆炸后遗留下来的"玻璃建筑"——托立尼提物质。

这似乎解释了印度河文明的废弃之谜。但推断毕竟只是推断，虽然科学家相信地球上出现过数次文明被这样毁灭的情况，但是在没有确凿证据之前，让人们相信摩亨佐·达罗的遗弃与核战争有关还为时过早。

三、文明里的迷影重重

对于这样一个远古文明来说，时间埋藏了一切，我们只有靠已有的知识、科技手段来解读它。而对于它，我们还有着许多的疑惑。

迷影一：什么人创造了这个文明？

印度河文明是人类共同的创造结果。现代科学经过对出土人类骨骼的鉴定分析发现，这个文明包容着许多人种，并不只是某个特定的民族，也就是说这个文明是多民族融合的成果。我们只知道城市的建设者是印度的先人，但是这些先人是哪些民族呢？

迷影二：摩亨佐·达罗是一种怎样的社会形式呢？从已知的资料和结果分析，这是个十分注重市民生活与公共设施的城市，可为什么这里没有宫殿，所有的住房模式又都一样呢？为什么它与宫殿、神殿林立的古印加，美索不达米亚平原及国王法老陵墓密布、贫富悬殊的古埃及有如此大的差别呢？而且所有遗址中都没有发现有祭司王统治的痕迹，难道5000多年前的印度文明没有等级制度吗？

迷影三：摩亨佐·达罗与哈拉巴为何属于同一文明而生活模式却不一样呢？

印度河文明令人瞩目的不是它的建筑面积和年代，而是哈拉巴和摩亨佐·达罗两座中心城市虽属同一文明但生活模式的不一致。人们对其投入大量的研究，但由于破坏的程度大，结果还是不为世人所得知。

迷影四：这里有没有战争？

在发掘现场，可以看到摩亨佐·达罗这个城市没有防御系统和攻击武器，也没有精美的艺术作品。这在已知古文明之中还是个先例。这是为什么呢，这个城市的统治者又是如何统治这所城市的呢？

迷影五：如何解读印章？

考古学家将哈拉巴遗址和以后出土的印章进行比较，有人推测这可能是宗教遗物，因为有一小部分印章上刻有神像。但也有人反驳说，这完全是某个家族或个人的私藏品，不能说明其宗教属性，况且在出土的近3万枚印章中，有神像的只有小部分。今天有些学者指出，只要能够释读印章上的文字，就可以解释这个文明的来龙去脉。但是经过一个世纪的努力，印章上的字还是无法解读。

关于印度河文明有太多需要解释的地方，这里具有的特殊性和神秘性，是人类历史过去、现在都无法替代的财富。它不仅是印度文化的源头，也是人类文明史的重要一环，揭开它的谜底是现代人的重任。我们相信印度河文明最终会显现在科技的视野下，以全貌展现在世人的眼前。

古巴比伦文明失落之谜

历史上，文明的发祥总是与河流相伴。在伊拉克境内，由幼发拉底河与底格里斯河形成的美索不达米亚广阔的舞台上就诞生了人类历史最早的文明——古巴比伦文明，苏美尔人是其奠基者，而后的阿卡德人、阿摩利人、亚述人、迦勒底人又将其古文明推向一个新的高度，创造了璀璨夺目的古巴比伦文化。而创造古巴比伦文明的苏美尔人却消失在历史的舞台上，隐匿在战火纷争的土地上。他们为什么会退出历史，又去了哪里呢？

一、被湮没的文化宝藏

从新石器时代起，幼发拉底和底格里斯两条大河流淌在干旱的地区，哺育了许多村落，孕育了广阔的美索不达米亚平原，使这里成为世界文明的摇篮。经过几千年的发展之后，古代两河流域文明逐渐被沙尘掩埋，为什么它会被沙尘覆盖而成为废墟了呢？

一方面，古代两河流域城市的街道由于长年累月地置放废物，导致地面每年逐渐升高，房屋的地面在重建时就必须用土垫高夯实。另一方面当一个城市由于各种原因被摧毁后，就容易积满泥沙。当一批新居民来到废墟重建城市时，他们将残留的泥墙和原来的废弃物一齐夯平，重建新房，这样城市的地面又高出了很多。

就这样反复了百年或千年，到这些城市最终被废弃时，已高出了周围地面许多。同时风沙尘土慢慢覆盖了废墟，将废墟变成了一个个土丘，似乎想将这一文明深深包裹。

最终，由于时间、人物角色的变化，住在两河流域周围的居民再也不知道土丘是什么东西了。这里面的奥秘只有经过现代的考古发掘才又让人有了重新的了解。

这一文明是怎样展现于世间的呢?

历史总是会有机遇存在的,有时候发现真相只是一瞬间的事情。

1843年,法国驻摩苏尔领事保罗·埃米勒·鲍塔在闲暇时,在距摩苏尔西北10英里的郊外偶然挖出了一个亚述人的城市,包括建在巨大平台上的宏伟王宫、巨形人面狮身石兽、栩栩如生的浮雕石板、神秘的楔形文字铭文和其他古物。经考证,这里是亚述帝国最强大时期的国王萨尔贡二世的宫殿。

这一发现简直震惊了整个欧洲,引发了此后数十年间西方大规模的考古活动,使古巴比伦的面貌越来越多的呈现在世人的面前。如1897～1912年,在雅克·德莫尔根带领下的法国考古队在波斯境内发现了古苏萨城的遗址,其中有大批古物,诸如包括汉穆拉比法典石碑在内的阿卡德语楔形文字碑石和泥版文书以及埃及语楔形文字文献。

以前,人们一直认为古埃及诞生了世界上最早的文明,但今天诞生于公元前3000年的苏美尔文明的发现改写了历史。

从这里出土的雕刻画和泥版文书中看出,当时不仅诞生了文字、车、船等社会生活的必备品,还有史诗文学、药典和农历,甚至还产生了学校、图书馆和政治会议。这些都说明,苏美尔文明已经发展到相当高的水平,处在了人类城市文明早期的黄金时代。

二、消失的苏美尔人

苏美尔人是古巴比伦文明的首创者,是他们奠定了文明的基础,才有了之后的辉煌。他们具有创造精神和发明精神,那苏美尔人为什么过早地淡出了历史的舞台呢?关于苏美尔人消失之谜,说法不一,至今尚未有定论。

公元前3000年左右,苏美尔人迁移到伊拉克南部的干旱无雨地区,利用河水灌溉农业,使这片地区成为富庶的地带。他们在生产中发明了世界上最早的文字——楔形文字,进而创造了一批人类最早的城市和灿烂的苏美尔文明。

在苏美尔人的影响下,两河流域的阿卡德人和苏美尔人共同建立了阿卡德和乌尔第三王朝两个帝国。苏美尔文明兼容并包,不断向周围扩大,发展成为巴比伦文明。后来,北方的亚述也被纳入两河流域文明圈。但奇怪的是苏美尔人口似乎在不断减少。公元前2004年，乌尔第三王朝被伊辛和拉尔萨两王朝所取代。从这一时期开始，以拉旮什、温马为代表的一批苏美尔城市开始走向衰亡或是沦为废墟。

后来，新迁入两河流域的游牧部落王朝在巴比伦城建立了古巴比伦王朝，打败了南方苏美尔地区的伊辛和拉尔萨王朝，统一了两河流域。这样南方大批苏美尔城市被逐渐放弃，苏美尔人淡出了历史的舞台。那苏美尔人去了哪里，为什么会退出历史的舞台呢？留下种种猜测。

学者们认为，外部新兴文明的征服和取代是文明没落的重要原因。

另外一种说法比较特别。1982年，美国著名亚述学家雅各布森在《古代的盐化地和灌溉农业》一书中，从环境角度论述了两河流域南部苏美尔地区灌溉农业和土地盐碱化的关系。他指出，土地的盐碱化是苏美尔人过早退出历史舞台的重要原因。

一直以来，南部伊拉克（原苏美尔地区）的农民长期和土地盐碱化作斗争。当因多年的浇灌使地下水干涸，最终使农田完全盐碱化时，这里的农民就放弃了这些劣质农田。经过几十年，甚至几百年的干燥，当地下水位降到相当的深度时，后代的农民会再次回到这些休养好了的土地上耕种。雅各布森的说法还是有道理的。

作为古巴比伦文明的创立者，苏美尔人真正的消失原因将是学者长期探究的一个问题。

"空中花园" 到底是何人所建

　　爱情真是一种伟大的力量，它可以让唐明皇千里飞骑送荔枝，也可以让印度皇帝修成泰姬陵。另一个更加伟大的奇迹——巴比伦的"空中花园"也是爱情的产物。

　　新巴比伦国王尼布申尼撒二世娶了米底的公主米梯斯为王后。公主美丽可人，深得国王的宠爱。可是时间一长，公主愁容渐生。尼布申尼撒不知何故。公主说："我的家乡山峦叠翠，花草丛生。而这里是一望无际的巴比伦平原，连个小山丘都找不到，我多么渴望能再见到我们家乡的山岭和盘山小道啊！"原来公主害了思乡病。于是，尼布申尼撒二世令工匠按照米底山区的景色，在他的宫殿里建造了层层叠叠的阶梯形花园，上面栽满了奇花异草，并在园中开辟了幽静的山间小道，小道旁是潺潺流水。工匠们还在花园中央修建了一座城楼，矗立在空中。巧夺天工的园林景色终于博得了公主的欢心。由于花园比宫墙还要高，让人感觉像是整个御花园悬挂在空中，因此被称为"空中花园"，又叫"悬苑"。当年到巴比伦城朝拜、经商或旅游的人们老远就可以看到空中城楼上的金色屋顶在阳光下熠熠生辉。所以到公元2世纪，希腊学者在品评世界各地著名建筑和雕塑品时，就把"空中花园"列为"世界七大奇观"之一。从此以后，"空中花园"更是闻名遐迩。

　　但是，现在对于"空中花园"为尼布申尼撒二世所建的说法，不少人产生了怀疑。他们认为"空中花园"更可能是在尼尼微而不在巴比伦；它的建造者也不是新巴比伦国王尼布申尼撒二世，倒有可能是早他100年的亚述国王辛那赫瑞布。为什么有如此说法呢？

　　被誉为"历史之父"的希罗多德在书中对巴比伦金碧辉煌的宫殿和神庙建筑以及房屋、街道、商贸甚至连浮雕、装饰等多处细节都做过仔细描述，并且盛赞巴比伦的"美丽远远超过了世界上的任何城市"。可是书中他却单单不提"空中花园",这是一个疑点。

同样也是罗马史学家的色诺芬在其著作中赞美了巴比伦城墙的雄伟壮观,但对"空中花园"却也是只字不提。难道是根本没有存在过这样一个建筑?

而且,人们至今没有找到有关尼布申尼撒建造"空中花园"的记载,不过在有关亚述国王辛那赫瑞布的许多文献记载中却不止一次地提到他在尼尼微城中建有一座美丽的花园,并引城外的河水到城中浇灌花木。而辛那赫瑞布的后代也常常提及,他们常在尼尼微的这个人造山形花园中以捕杀从笼子里放到园中的狮子和野驴为乐。

尼布申尼撒二世死后23年,波斯人出兵占据新巴比伦城,他们还改变了幼发拉底河道,使河道远离了巴比伦城。按理说,巴比伦"空中花园"的花木肯定会因为缺水而枯萎,在百年之后不可能还会保持郁郁葱葱的样子。可是在尼尼微的浮雕却表明,亚述人不仅采用"水泵"抽水浇灌人造花园,还用水槽将山泉引入园中。所以即使无人灌溉,花园依然可以苍翠如初。

虽然有这两种说法,使人们对"空中花园"究竟在巴比伦还是在尼尼微无法断定,但比较古老的记载说到的"空中花园"在巴比伦这种说法应该更具可信度,只不过还需要更多的考古发现来证实而已。

太阳贞女之城——马丘比丘之谜

印加、玛雅、阿兹特克并称为美洲三大文明，而印加文明是最成熟的。

印加的国教是太阳神崇拜，主神是太阳神因蒂。印加人的生活充满了神秘色彩，以日月盈亏规律来安排宗教活动，是印加人的首创。秘鲁的印加马丘比丘圣城遗迹就是南美洲最具神秘色彩的古迹之一。可以说，它不单是秘鲁也是整个南美洲的象征。马丘比丘带给人们的不只是对神秘力量的敬畏，更多的还有对文明的缅怀之情。

马丘比丘并不是一般意义上的城市，而是一个宗教活动遗址的中心。这里居住着担任太阳贞女的王室少女"纽斯塔"，她们经层层选拔，百里挑一，过着与世隔绝的生活，像天主教的修女一样。随着美洲大陆的被发现，强盛的印加帝国迅速瓦解。

马丘比丘位于秘鲁境内库斯科西北80公里的安第斯山脉中，是沉睡了400多年的印加古城，也是人与其环境和谐共存艺术的极致表现。马丘比丘圣城建造于公元15世纪，建于狭窄的山脊上，俯视汹涌的乌鲁班巴河。它被包围在丛山中，且被覆盖于浓密的丛林下达数百年之久，直至1911年才被发现。"马丘比丘"在印加语中意为"古老的山巅"，当时是一座极为繁荣兴盛的城市。印加人在此建立了农业，虽然地形险峻但却有完善的灌溉系统。除了农业区之外，城市还区分为上城和下城。近代考古学家也发现，马丘比丘的建筑似乎也记录着太阳、月亮一年中的运行规律。然而，这个古老的王国迄今仍然覆盖着神秘的面纱，没有人真正了解这个城市的情形。人们不禁会问：这样一座繁荣的城市为何最终被遗弃了，那里出现过什么可怕的灾难？我们期待着历史学家给出一个合理的答案。